사랑하는 ＿＿＿＿＿＿＿＿＿님께

이 책을 드립니다.

나는
선교에
목숨을
걸었다

나는 선교에 목숨을 걸었다

지은이 | 하용조
초판 발행 | 2008. 10. 9
2판 1쇄 발행 | 2024. 10. 15
등록번호 | 제1988-000080호
등록된 곳 | 서울특별시 용산구 서빙고로65길 38
발행처 | 사단법인 두란노서원
영업부 | 2078-3333   FAX | 080-749-3705
출판부 | 2078-3331

책 값은 뒤표지에 있습니다.
ISBN 978-89-531-4957-1   03230

독자의 의견을 기다립니다.
tpress@duranno.com   http://www.duranno.com

두란노서원은 바울 사도가 3차 전도여행 때 에베소에서 성령 받은 제자들을 따로 세워 하나님의 말씀으로 양육하
던 장소입니다. 사도행전 19장 8-20절의 정신에 따라 첫째 목회자를 돕는 사역과 평신도를 훈련시키는 사역, 둘째
세계선교(TIM)와 문서선교(단행본·잡지) 사역, 셋째 예수문화 및 경배와 찬양 사역, 그리고 가정·상담 사역 등을
감당하고 있습니다. 1980년 12월 22일에 창립된 두란노서원은 주님 오실 때까지 이 사역들을 계속할 것입니다.

나는 선교에 목숨을 걸었다

하용조 지음

두란노

차례

2. 지체할 수 없는 하나님의 사람

3. 막을 수 없는 하나님의 축복, 교회

4. 멈춰 서 있을 수 없는 하나님의 열정

부록
예수님의 6가지 선교 전략 **219**

복음전도는 나의 꿈이요 희망입니다

복음전도는 내 인생의 획을 그은 사건입니다.

그러므로 너희는 가서 모든 민족을 제자로 삼아 아버지와 아들과 성령의 이름으로 세례를 베풀고 내가 너희에게 분부한 모든 것을 가르쳐 지키게 하라 볼지어다 내가 세상 끝날까지 너희와 항상 함께 있으리라 하시니라. 마 28:19-20

이 성경 말씀을 붙잡고 두란노를 시작했고, 온누리를 시작했고, CGNTV를 시작했습니다. 그동안 선교에 관하여 교회를 비롯해서 곳곳에서 설교하거나 글을 쓴 내용이 이 책에 담겨 있습니다.

나의 사랑의 고백이요, 꿈의 노래요, 희망의 합창입니다. 이 글을 읽는 사람들과 함께 노래를 부르고 합창을 하고 싶습니다.

2008년 10월
하용조

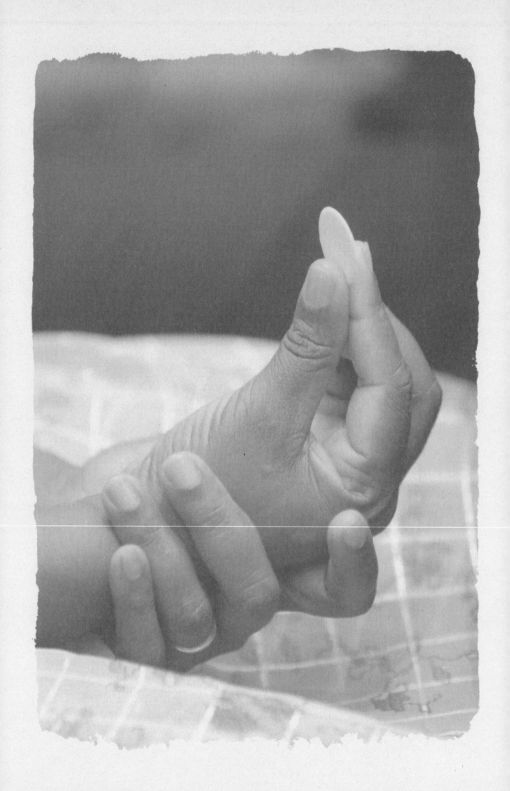

거부할 수 없는
하나님의 초대

예수님의 비전을 들으면 가슴이 벅차오름을 느낍니다. 우리는 예수님과 동일한 비전을 소유할
수 있어야 합니다. 썩어질 양식을 위해 인생을 낭비하지 말고, 영원히 썩지 않을 양식을 위해 규
모 있는 삶을 설계해야 합니다.

비전을
품고 떠나십시오

'가서, 제자로 삼아, 세례를 베풀고, 가르쳐 지키게 하라.' 이것
이 비전입니다. 이 네 가지 메시지가 마음에 새겨져 있다면 선
교의 비전을 받은 것입니다.

∷ 선교의 비전을 품으십시오

유일하게 구원을 베푸시는 예수님이 오늘 우리를 선교사로 부르
고 계십니다. 그분은 우리가 선교의 비전을 품길 원하십니다. 예수
님은 제자들에게 비전을 잉태시켜 주시기 전에 하나님의 능력에 대
해 이렇게 말씀하셨습니다.

하늘과 땅의 모든 권세를 내게 주셨으니. 마 28:18

여기서 '하늘의 권세'란 곧 하나님의 권세를 뜻합니다. 즉 성부
와 성자와 성령의 능력이 예수님의 능력입니다. 그리고 '땅의 권

세'는 창조의 권세, 곧 세상을 통치하는 권세를 뜻합니다. 예수님은 공생애 동안 기적을 행하시며 이 권세를 행하셨습니다. 말의 권위는 말하는 사람이 누구인가에 달려 있습니다. 만약 제가 "서로 사랑하십시오"라고 말한다면 듣는 사람들은 서로 사랑할 수도 있고 그렇지 않을 수도 있습니다. 그러나 똑같은 말을 예수님이 하신다면 완전히 달라집니다. 지금 제자들에게 비전을 주시며 말씀하시는 분은 죽음의 권세를 이기고 승리하신 예수님입니다.

∷ 예수님이 비전을 받으라고 명령하십니다

하늘과 땅의 권세를 가진 예수님이 사랑하는 제자들의 공동체에 처음이자 마지막으로 비전을 잉태시키고 계십니다.

> 그러므로 너희는 가서 모든 민족을 제자로 삼아 아버지와 아들과 성령의 이름으로 세례를 베풀고 내가 너희에게 분부한 모든 것을 가르쳐 지키게 하라 볼지어다 내가 세상 끝날까지 너희와 항상 함께 있으리라 하시니라. 마 28:19-20

이 말씀을 보면 네 개의 동사가 나옵니다. '가서', '제자로 삼아', '세례를 베풀고', '가르쳐 지키게 하라' 입니다. 이것이 비전입니다. 이 네 가지 메시지가 마음에 새겨져 있다면 선교의 비전을 받은 것입니다.

∷ 하나님이 기뻐하는 삶을 사십시오

이 말씀을 구체적으로 살펴보겠습니다. 첫째, '가라'입니다. 기독교의 진리는 한마디로 '가라'입니다. 하나님은 아브라함에게 갈대아 우르를 떠나 지시하는 땅으로 가라고 명령하셨습니다. 그 명령을 받은 아브라함은 갈 바를 알지 못했음에도 불구하고 가족들을 이끌고 자신의 본토를 떠났습니다. 이것이 바로 믿음입니다. 또 하나님은 모세에게 이집트로 가서 이스라엘 민족을 이끌어 내어 젖과 꿀이 흐르는 가나안 땅으로 가라고 말씀하셨습니다. 여호수아에게는 가나안 땅으로 진격하라고 명령하셨고, 모든 예언자에게는 도망 다니지 말고 이스라엘 백성에게 가서 예언하라고 말씀하셨습니다.

기독교는 이민의 신앙입니다. 예수님은 이 땅으로 이민 오셨고, 부름받은 신앙은 우리를 다른 나라로 떠나게 합니다. 예수님은 제자들에게 "아버지께서 나를 보내신 것 같이 나도 너희를 보내노라"(요 20:21)고 말씀하셨습니다. 우리는 현실에 안주하지 말고 앞으로 나아가야 합니다. 현실에 안주하는 것은 곧 자신의 무덤을 파는 것입니다.

둘째, 모든 민족을 '제자로 삼는 것'입니다. '모든 민족'은 인종, 성별, 노약자 등의 구분 없이 모든 인간을 말하는 것입니다. 성경에는 국가 개념이 없습니다. 우리는 모든 국가로 가는 것이 아니라 모든 민족에게 가서 그들을 제자로 삼아야 합니다.

셋째, 아버지와 아들과 성령의 이름으로 '세례를 베푸는 것'입니다. 우리는 전도한 것으로 만족하지 말고, 전도한 사람에게 세례를

베풀어야 합니다. 끝까지 최선을 다해 그 사람이 예수님을 믿고 세
례를 받도록 해야 합니다.

넷째, 예수님이 분부하신 모든 것을 '가르쳐 지키게 하는 것'입
니다. 모든 그리스도인은 배우거나 가르쳐야 합니다. 하나님이 분부
하신 모든 것을 가르치고, 배운 것을 지키게 하는 것을 비전으로 삼
아야 합니다. 평생 하나님의 말씀을 배우고 가르치는 비전을 가져야
합니다. 가르치는 것은 교리이고, 지키는 것은 삶입니다. 교리와 삶
이 일치되어야 합니다.

우리는 세계로 '가서' 모든 민족을 '제자로 삼아', '세례를 베풀
고' 하나님의 말씀을 '가르쳐 지키게' 해야 합니다. 우리의 모든 기
득권을 버리고 하나님이 기뻐하시는 삶을 살아야 합니다.

청년,
2천 명을 주옵소서

우리는 복 받을 자격이 없는 사람, 본질상 진노의 자식이고 구
원받을 수 없는 저주의 자식이었지만 하나님이 우리를 사랑하
셔서 구원해 주셨습니다.

∷ 자격이 없다고 고민하십니까

이삭의 기도에 대한 응답으로 드디어 리브가가 임신을 했습니다
(창 25:21). 그런데 뱃속에서 두 아이가 서로 싸웠습니다. 하나님은
"두 국민이 네 태중에 있다"고 하시며 형이 동생을 섬기게 될 것이
라는 이해하기 힘든 말씀을 하셨습니다. 우리는 이 말씀을 통해 "왜
하나님은 아랍 민족과 이스라엘 민족을 그렇게 싸우게 하셨을까?"
라는 고민을 하게 되는데, 이 점에 대해 좀 더 깊이 생각해 볼 필요가
있습니다.

잘 살펴보면 이런 일은 이미 아브라함 때도 있었다는 것을 알게
됩니다. 아브라함이 실수로 이스마엘을 낳는 바람에 두 민족이 탄생

합니다. 즉 한 민족은 이스마엘의 자손이고, 또 다른 민족은 이삭의 자손입니다. 이때도 주인공은 첫째 아들인 이스마엘이 아니라 둘째 아들인 이삭이었습니다. 그런데 다시 이삭 때에 에서가 야곱을 섬기게 될 것이라고, 즉 "큰 자가 어린 자를 섬기게 될 것"이라는 예언이 재연됩니다.

두 민족이 갈등하며 형이 동생을 섬겨야 하는 이 상황에 대해 하나님이 말씀하신 부분을 성경의 다른 곳에서도 찾을 수 있습니다. 구약의 끝 책인 말라기서를 보면 분명하게 말씀하고 계십니다.

> 여호와께서 이르시되 내가 너희를 사랑하였노라 하나 너희는 이르기를 주께서 어떻게 우리를 사랑하셨나이까 하는도다 나 여호와가 말하노라 에서는 야곱의 형이 아니냐 그러나 내가 야곱을 사랑하였고 에서는 미워하였으며 그의 산들을 황폐하게 하였고 그의 산업을 광야의 이리들에게 넘겼느니라. 말 1:2-3

하나님은 "내가 너희를 사랑하였다"라고 말씀하십니다. 그러나 사람들은 "하나님은 사랑하였다고 말씀하시지만, 실제 우리 삶은 갈등과 고민의 연속이 아닙니까? 그런데 하나님은 어떻게 우리를 사랑하셨다는 말씀입니까?"라고 말하며 갈등합니다. 그랬더니 하나님께서 에서와 야곱 이야기를 하신 것입니다. 이것은 하나님의 선택을 의미합니다. 하나님 관심의 초점은 에서가 아니라 야곱입니다. 다시 말해 이 본문에서 말하는 관심의 초점은 바로 우리입니다. "내가 야곱은 사랑하였고 에서는 미워하였다"라는 말은 "내가 너를 정말로 사랑하며 축복한다"라는 말입니다. 서열상으로 보면 축복은 야곱이 아니라 에서가 받아야 마땅합니다. 그러나 하나님은 야곱을 사랑하셔서 복을 내려주셨습니다. 우리 또한 복 받을 자격이 없는 사람, 본질상 진노의 자식이고 구원받을 수 없는 저주의 자식이었지만 하나님이 우리를 사랑하셔서 구원해 주셨습니다.

⠿ 왜, 이제 오셨습니까

우리 민족은 역사적으로나 정치적으로나 그 어떤 면에서도 구원받을 만한 자격이 없었습니다. 우리는 불교와 유교의 지배를 받던, 하나님과는 전혀 상관없는 민족이었습니다. 그러나 100년 전 외국 선교사들이 성령의 불을 받은 후 성경책 한 권을 들고 죽음을 무릅쓴 채 이 땅에 들어왔습니다. 그들은 무지하고 하나님도 모르는 우리 백성에게 복음을 전해 주고, 병원과 학교도 세워 주었습니다. 그래서 오늘날 우리 민족이 구원받은 것입니다. 곰곰이 생각해 보면 실로 기적 같은 일이 일어난 것입니다. 이 얼마나 큰 은혜와 사랑입니까!

모든 사람은 지옥에 가도록 결정되어 있었습니다. 우리 모두와 100년 전, 200년 전의 조상은 다 본질상 진노의 자식이고 이미 죽은 사람이었습니다. 그러나 하나님은 그들 가운데서 바로 우리를 살려 주셨습니다. 이 얼마나 놀라운 일입니까! "누구든지 주의 이름을 부르는 자는 구원을 받으리라"(롬 10:13)는 놀라운 메시지가 있는데, 사람들이 그 한마디를 부르짖지 않고 죽게 된다면 이 얼마나 큰 비극입니까!

그래서 우리는 전도하기 위해 좋은 직장도 내던진 채 미전도 종족에게 뛰어가는 것입니다. 이는 휴머니즘이나 자비심 때문이 아닙니다. 구원의 진리를 아는 사람은 "빨리 가서 전도해야 되겠다. 빨리 가서 예수 그리스도를 전해야겠다"라는 긴급함과 절대성을 갖게 됩니다.

예전에 보았던 영화의 한 장면이 떠오릅니다. 한 선교사가 무지한 종족에게 가서 그들의 말을 배우고 사전을 만들고 성경을 번역했습니다. 그리고 그렇게 번역된 성경을 가르치기 시작했습니다. 그러자 성경공부를 통해 복음을 알고 구원받게 된 한 노인이 선교사에게 이렇게 말합니다.

"왜 이제 오셨습니까? 조금만 더 일찍 오셨다면 우리 선조들도 구원받았을 텐데……."

로마서는 이 구원의 은혜에 대해 이렇게 말합니다.

그리스도 예수 안에 있는 속량으로 말미암아 하나님의 은혜로 값 없이 의롭다 하심을 얻은 자 되었느니라. 롬 3:24

이외에도 구원의 은혜와 하나님의 사랑에 관한 많은 말씀이 있습니다.

긍휼이 풍성하신 하나님이 우리를 사랑하신 그 큰 사랑을 인하여.엡 2:4

너희는 그 은혜에 의하여 믿음으로 말미암아 구원을 받았으니 이것
은 너희에게서 난 것이 아니요 하나님의 선물이라.엡 2:8

하나님은 우리 교회를 통해 축복이 계속되기를 원하십니다. 하나
님은 우리를 통해 메시아 구원의 축복이 다음 세대, 다른 민족에게
전달되기를 바라십니다.

:: 하나님의 꿈은 이루어집니다

우리는 자신의 기도에 스스로 놀랄 때가 있습니다. 간혹 "지금 말
도 안 되는 기도를 하고 있어"라고 말하기도 합니다. 그러나 우리의
기도는 백일몽이 아닙니다. 하나님이 꿈을 주셨기 때문에 그런 기도
를 하게 된 것입니다. 교회를 창립할 때 하나님은 "청년 2천 명을 주
십시오. 그러면 세계를 하나님께 드리겠습니다"라는 기도를 하도록
만드셨습니다. 당시는 겨우 열두 가정이 지하실에 모여 예배를 드릴
때였는데, 내가 왜 그런 기도를 했는지 모르겠습니다. 그런데 어느
날 보니, 하나님이 우리 교회에 메뚜기 떼처럼 많은 청년을 보내 주
셨습니다. 이처럼 기도는 기다림을 통해 반드시 응답받게 됩니다.
자기중심적인 생각을 버리고 하나님 중심으로 보면 불가능이란 없
습니다.

예전에 마태복음 28장을 강해할 때였습니다. 그때 하나님이 '2천 명의 선교사와 1만 명의 사역자 파송' 이라는 꿈을 심어 주셨습니다. 그 비전을 선포했을 때 저를 비롯해 많은 사람이 웃었습니다. 모두들 마음속으로 '어떻게 한 교회에서 2천 명의 선교사를 보낼 수 있을까?' 라고 생각했던 것입니다. 어떤 사람은 1만 명의 사역자를 세우려면 10만 명의 교인이 있어야 한다고 말했습니다. 또 2천 명의 선교사를 보내는 것도 막대한 비용이 드는 어려운 일이라고 말했습니다. 사실 그 당시에는 그런 세세한 부분까지 계산하지 못했습니다. 그러나 그 꿈이 이루어지고 있습니다.

> 여호와와 그의 능력을 구할지어다 항상 그의 얼굴을 찾을지어다.
> 대상 16:11

> 구하라 그리하면 너희에게 주실 것이요 찾으라 그리하면 찾아낼 것이요 문을 두드리라 그리하면 너희에게 열릴 것이니. 마 7:7

이 말씀을 믿고, 위기에 부딪혔다면 죽을힘을 다해 기도해야 합니다. 하나님의 꿈은 기도를 통해 이루어집니다.

왜 선교사를
보내야 합니까

예수님만이 길이요 진리요 생명이기 때문에, 어떻게 보면 감당
할 수 없는 너무 엄청난 사실이기 때문에 이를 전하기 위해 선
교사를 보내는 것입니다.

::축복을 주신 이유가 무엇입니까

예수님은 어둠과 같은 이 땅에 참 빛으로 오셨습니다. 이 땅에서
예수님의 삶은 성경을 통해 알 수 있습니다.

> 흑암에 앉은 백성이 큰 빛을 보았고 사망의 땅과 그늘에 앉은 자들
> 에게 빛이 비치었도다 하였느니라 마 4:16

사탄에게 세 번씩이나 무서운 시험을 받은 예수님은 시험을 마치
고 본격적으로 사역을 시작하십니다. 바로 그때 마태는 선지자 이사
야의 말씀을 인용하면서 예수님이 이 세상에서 어떤 역할을 하실 것

인가를 몇 마디로 요약합니다. 즉 "흑암에 앉은 백성에게 예수는 큰 빛이다", "사망의 땅과 그늘에 앉은 자들에게 예수는 빛이다"라고 예수님을 소개하고 있습니다.

인간은 아담과 이브가 타락한 후에 허물과 죄로 죽은 존재가 되었습니다. 성경은 이것을 가리켜 '흑암에 앉은 백성'이라고 표현했습니다. 즉 죽음 안에 있는 존재요, 어둠 속에 속한 존재라는 뜻입니다. 사람이 죄를 지으면 나중에 죽어 지옥에 간다는 것이 아니라 이미 지옥에 있는 존재라는 것입니다. 인간은 사망의 음침한 골짜기에서 방황하고 서로 미워하며 시기해서 죽이는 존재라는 것입니다. 인간이 아무리 발버둥치고 착하게 살아 보려고 애써도, 이를 악물고 선을 행하려고 애써도 짓는 것은 죄뿐입니다.

많은 사람이 이런 질문을 합니다. "예수님이 오시기 전에 살았던 사람들은 어떻게 구원을 받습니까? 복음을 들을 기회가 없던 사람들, 예를 들어 500년 전 우리나라에 살았던 사람들은 다 지옥에 갔습니까? 교회가 없어서, 전도 받을 기회가 없어서 복음을 들을 수 없던 사람들도 다 지옥에 갔습니까? 만약 그렇다면 하나님은 불공평하시지 않습니까?"

그러나 이 문제에 대해 인간은 근본적으로 착각하고 있습니다. 그것은 인간은 죄를 지었을 때 지옥으로 향하게 되는 존재가 아니라 이미 흑암에, 사망의 땅과 그늘에 앉아 있는 존재라는 것입니다. 이미 지옥에 앉아 있으니 지옥에 가고 말고가 없습니다. 이미 죽음 안에 있는 것입니다. 성경에 보면 "그는 허물과 죄로 죽었던 너희를 살리셨도다"(엡 2:1)라고 말씀하고 있습니다. 그런데 예수님은 누구십니까? 흑암에 있는 자에게 참 빛이요, 사망의 땅과 그늘에 있는 자에게 구원이십니다.

우리가 예수 그리스도를 믿고 구원받은 것은 실로 기적입니다. 이건 당연한 것이 아닙니다. 그렇게 많은 사람이 예수 그리스도를 전해 주었지만, 믿지 않는 사람이 너무 많습니다. 구원받은 사람들이 왜 최선을 다해 선교사를 파송합니까? 돈이 남아서 선교사를 보내는 것입니까? 예수 그리스도 외에는 구원이 없기 때문입니다. 예수님만이 길이요 진리요 생명이기 때문에, 어떻게 보면 감당할 수 없는 너무 엄청난 사실이기 때문에 이를 전하기 위해 선교사를 보내는 것입니다.

예수님만이 구원이십니다. 사람들은 이 말에 많은 갈등을 느끼면서 "선행을 통해 구원받으면 얼마나 좋을까? 양심을 통해 구원받으면 얼마나 좋을까?"라고 말합니다. 그러나 성경은 예수님 외에는 구원이 없다고 말씀합니다. 이 말씀으로 인해 교회가 선교사를 보내 예수 그리스도를 전하는 것입니다. 전하지 않으면 견딜 수가 없는 것입니다. 허드슨 테일러가 선교하는 일이 너무 힘들어 포기하려고 하자 하나님은 꿈을 통해 하루에도 수천 명의 영혼이 지옥에 가는 것을 보여 주셨습니다. 그래서 그는 다시 벌떡 일어났습니다.

우리는 왜 이처럼 있는 힘을 다해 예수님을 전해야 합니까? 바로 생명과 관련된 문제이기 때문입니다. 전 세계 인구의 50퍼센트가 아직까지 복음을 듣지 못하고 있습니다. 50억 인구 중 기독교인의 수는 32퍼센트도 안 됩니다. 서울에도 헤아리기 힘들 정도로 많은 교회가 있는데, 구원의 확신과 영생의 확신을 가진 성도가 얼마나 될까요?

우리가 예수님을 믿고 있으니까 다른 사람도 다 믿는 줄로 생각해선 안 됩니다. 눈뜨면 십자가가 보이고 여러 나라 사람이 예수님을 믿으니까 다 믿는 것 같지만 아직도 흑암에 앉아 있는, 사망의 그늘에 앉아 있는 백성이 세계 도처에 너무 많습니다. 지리적으로 가까운 일본, 태국 등 동남아만 해도 교회를 찾아보기 힘듭니다. 하나님이 한국에만 너무 많은 교회를 주셨습니다. 신학생도 무척 많습니다. 왜 우리에게 이런 축복을 주셨겠습니까? 세계에 복음을 전하라는 뜻입니다. 이 사명을 바로 우리가 받은 것입니다.

⦂⦂ 왜 예수님은 갈릴리에서 시작하셨습니까

여기서 우리는 사역의 때와 장소에 관해서도 생각해 봐야 합니다. 하나님은 언제나 정확한 때에 일하십니다. 성경에 보면 "요한이 잡혔음을 들으시고"(마 14:12) 예수님이 움직이셨습니다. 세례 요한은 예수님의 길을 충실히 예비했고, 최선을 다해 사역했습니다. 그는 요단강에서 회개의 세례를 주었고, 예수님께도 세례를 베풀었습니다. 그리고 "보라 하나님의 어린 양이로다"라고 예수님을 소개하면서 자기 제자들을 예수님께로 보냈습니다(요 1:36-37). 그는 정의를 부르짖으면서 절대 불의와 타협하지 않았는데, 결국 헤롯 안티파

스한테 잡혀 그의 목은 은쟁반에 담기고 말았습니다. 이것이 세례 요한의 최후였습니다. 이렇게 세례 요한이 헤롯에게 잡혀 사역에 종지부를 찍을 무렵 예수님의 사역이 시작되었습니다. 이것은 놀라운 하나님의 섭리요, 아주 뜻 깊은 일입니다.

대부분의 사람은 '예수님이 세례 요한과 함께 사역을 하셨다면 얼마나 좋았을까'라고 생각합니다. 그를 좀 더 오래 살게 해서 예수님의 오른팔로 쓰면 좋지 않았을까 하고 생각합니다. 그러나 하나님은 그렇게 하지 않으셨습니다. 죽을 자는 죽어야 하고 살 자는 살아야 한다는 게 결론입니다.

스데반이 죽었습니다. 그 같은 사람이 좀 더 오래 살면 얼마나 좋았겠습니까? 그러나 그는 죽어야 했습니다. 사도 요한은 오래 살았습니다. 오래 살아야 할 사람이었기 때문입니다. 예수님을 따르던 열한 명의 제자는 모두 십자가에, 창에, 돌에 맞아 순교했지만 사도 요한만 자연사했습니다.

문제는 자기 사역을 정확히 하느냐 못 하느냐에 달려 있습니다. 자기 사역이 끝나면 죽어야 합니다. 그래서 세례 요한이 죽고 난 후 예수님이 사역을 시작하셨습니다.

우리는 분명한 목표를 가져야 합니다. 분명한 삶의 의미를 가져야 합니다. 무엇을 위해 살고 무엇을 위해 죽어야 하는지도 알아야 합니다. 급하다고 함부로 시작해서도 안 되고, 여유가 있다고 늦게 시작해서도 안 됩니다. 언제나 우리는 주님의 때에 맞춰 결단하고 행동해야 합니다. 하나님이 원하시는 때에 맞춰 사는 것이 신앙입니다. 때를 이해하는 것, 그것이 믿음입니다. 시간의 이해는 이렇듯 중요합니다.

> 예수께서 요한이 잡혔음을 들으시고 갈릴리로 물러가셨다가 나사렛을 떠나 스불론과 납달리 지경 해변에 있는 가버나움에 가서 사시니. 마 4:12-13

전반부가 때의 문제라면 후반부는 장소의 문제입니다. 이는 예수님이 어느 장소에서 사역을 시작하셨는가 하는 것이 쟁점입니다. 그런데 이 가버나움에 사시는 것을 가리켜 14절 이하에서는 이사야 9장 1절의 말씀을 인용해 다음과 같은 예언의 응답으로 해석했습니다. 이는 예언자 이사야를 통해 하신 말씀을 이루시려는 것입니다.

> 이는 선지자 이사야를 통하여 하신 말씀을 이루려 하심이라 일렀으되 스불론 땅과 납달리 땅과 요단 강 저편 해변 길과 이방의 갈릴리여 흑암에 앉은 백성이 큰 빛을 보았고 사망의 땅과 그늘에 앉은 자들에게 빛이 비치었도다 하였느니라. 마 4:14-16

여기서 '이방의 갈릴리'라는 말이 중요합니다. 예수님이 복음 사역을 시작한 곳은 유대나 예루살렘이 아니었습니다. 예수님은 유대 광야에서 시험을 받았습니다. 그리고 갈릴리로 가셨다가 다시 가버나움으로 와서 공생애 사역을 시작하셨습니다. 가버나움은 바로 스불론, 납달리와 연결되는 곳입니다.

예수님은 왜 예루살렘에서 복음 사역을 시작하지 않으시고 '이방의 갈릴리'라고 불리는 잘 알려지지 않은 스불론과 납달리에서 시작하셨을까요? 그것은 바로 주님의 복음이 이스라엘만의 복음이 아니라 전 인류의 복음이기 때문입니다. 예수님이 갈릴리에서 복음을 전하기 시작하셨다는 사실이 얼마나 귀합니까! 참으로 놀라운 일입니다. 이처럼 하나님이 하시는 일은 하나도 무의미한 것이 없습니다.

⠿ 진정한 회개란 무엇입니까

다음으로 생각해야 할 주제는 예수님의 복음 선포입니다.

> 이 때부터 예수께서 비로소 전파하여 이르시되 회개하라 천국이 가까이 왔느니라 하시더라. 마 4:17

이방의 갈릴리에 가셨을 때 하나님의 아들 우리 주 예수 그리스도는 드디어 입을 열어 복음을 전파하기 시작하셨습니다. 여기서 중요한 단어는 '전파하다'입니다. 전파하다(Preach)는 "선포하다, 설교하다, 나타내다"라는 뜻입니다. 예수님은 이 부분에 대해 여러 차례에 걸쳐 다음과 같이 말씀하셨습니다.

> 하나님이 보내신 이는 하나님의 말씀을 하나니 이는 하나님이 성령

을 한량 없이 주심이니라.요 3:34

나는 내 아버지에게서 본 것을 말하고 너희는 너희 아비에게서 들은 것을 행하느니라.요 8:38

내가 내 자의로 말한 것이 아니요 나를 보내신 아버지께서 내가 말할 것과 이를 것을 친히 명령하여 주셨으니.요 12:49

예수께서 나아와 말씀하여 이르시되 하늘과 땅의 모든 권세를 내게 주셨으니 그러므로 너희는 가서 모든 민족을 제자로 삼아 아버지와 아들과 성령의 이름으로 세례를 베풀고.마 28:18-19

이렇게 예수님이 여러 곳에서 하신 설교는 그분의 뜻과 생각을 전한 것이 아니었습니다. 예수님의 설교 내용은 간단했습니다. "회개하라. 천국이 가까이 왔다"라는 것입니다. 회개는 죄에서 돌이키고 예수님의 이름으로 변화되는 것입니다. 흑암에서 큰 빛으로 나오는 것이 회개입니다. 왜 회개해야 합니까? 예수님이 회개하라고 말씀하셨기 때문입니다. 우리는 하고 싶지 않아도 회개해야 합니다. 주님의 명령이기 때문입니다.

회개는 성격의 변화요, 생각의 변화요, 의견의 변화요, 방법의 변화입니다. 눈물을 흘리며 다른 사람이 인정하든 안 하든 내 양심 앞에서, 성령 앞에서, 하나님 앞에서 회개할 것을 다 회개하는 것이 진정한 축복입니다. 물질적 축복이나 병 고침을 받는 것도 중요하지만 더 중요한 축복은 회개입니다. 회개하는 자에게는 세례가 베풀어집니다. 회개하는 자에게는 진리가 임합니다.

천국이 가까이 왔다는 메시지도 예수님의 중요한 선언입니다. 왜 회개해야 합니까? 천국이 가까이 왔기 때문입니다. 천국은 장소의 개념이 아니라 통치의 개념입니다. 다시 말해 천국은 하나님의 통치, 예수님의 통치가 이루어지는 곳을 말합니다. 천국의 주인은 누구입니까? 하나님이십니다. 그런데 예수 그리스도께서 이 땅에 오셨습니다. 예수 그리스도는 우리 가운데 계십니다. 따라서 천국은 이미 우리에게 와 있습니다. 그러므로 회개하라고 말하는 것입니다. 더 이상 지체해선 안 됩니다. 우리는 회개를 지체해서는 안 됩니다.

자신을
깨뜨려야 합니다

예수님을 믿는 우리는 하나님의 영광을 위해 존재해야 합니다. 하나님은 이 세상에 버려진 수많은 영혼, 가난한 영혼과 외롭고 고독한 영혼을 돌보고 사랑하라고 우리에게 시간과 돈과 모든 것을 허락하신 것입니다.

⠿ 강자는 약자를 이용할 뿐입니다

하나님이 부르실 때 우리를 거룩한 산 제물로 드리는 것이 중요합니다. 사도 바울이 로마서 12장 이후에 계속해서 우리에게 주는 메시지는 "그리스도인은 어떻게 살아야 하는가?"라는 것입니다. 사도 바울은 12장에서 그리스도인은 자신의 몸을 하나님이 기뻐하시는 거룩한 산 제물로 바쳐야 한다고 말합니다. 13장에서는 그리스도인은 위에 있는 권세들에게 복종해야 하고, 14장에서는 믿음이 연약한 자를 비판하지 않고 돌봐야 한다고 말합니다. 그리고 15장에서는 이렇게 말합니다.

믿음이 강한 우리는 마땅히 믿음이 약한 자의 약점을 담당하고 자
기를 기쁘게 하지 아니할 것이라. **롬 15:1**

사도 바울은 예수님을 믿는 우리에게 "진정으로 예수를 믿는다
면 자기를 기쁘게 하지 아니할 것이라"고 말합니다. 우리는 자신을
기쁘게 하기 위해 존재하는 것이 아니라는 말입니다. 예수님을 믿는
우리는 하나님의 영광을 위해 존재해야 합니다. 하나님은 이 세상에
버려진 수많은 영혼, 가난한 영혼과 외롭고 고독한 영혼을 돌보고
사랑하라고 우리에게 시간과 돈과 모든 것을 허락하신 것입니다. 따
라서 사도 바울은 "믿음이 강한 우리는 마땅히 믿음이 약한 자의 약
점을 담당하고 자기를 기쁘게 하지 아니할 것이라"(롬 15:1)고 강조합
니다.

모든 문제는 자기만 해결되면 다 풀립니다. 결국 모든 문제는 자
신에서 비롯됩니다. 영적 전쟁은 마귀와의 싸움이라기보다 자기 자
신과의 싸움입니다. 우리는 마귀에게 이길 수 있지만, 스스로 무너
지기 시작하면 결코 이길 수가 없습니다.

예수님은 "누구든지 나를 따라오려거든 자기를 부인하고 자기
십자가를 지고 나를 따를 것이니라"(마 16:24)고 말씀하셨습니다. 예
수님을 믿는 사람들이 가진 삶의 열쇠는 무엇입니까? 자기를 부인
하는 것입니다. 자기를 십자가에 못 박는 것입니다. 우리의 모든 문
제는 내가 죽지 않고, 깨지지 않아서 생기는 것입니다. 우리 모두가
깨어지기를 축원합니다.

로마서 15장 1절에서 우리는 두 가지를 배우게 됩니다. 첫째, 믿음이 강한 사람은 마땅히 연약한 사람의 약점을 감싸 주어야 한다는 것입니다. 하나님이 우리에게 강한 믿음을 주신 것은 자랑하라고 주신 것이 아닙니다. 또한 우리에게 주신 은사와 능력은 자랑하라고 주신 것이 아닙니다. 우리는 왜 연약한 사람들의 약점을 감싸 주어야 하는 걸까요? 세상에는 강한 사람이 판을 칩니다. 강한 사람은 약한 사람의 약점을 이용하려고 하는데, 우리 그리스도인은 형제, 남편, 아내의 약점을 갖고 장난하지 않기를 바랍니다. 그것은 예수님을 믿지 않는 사람들이 하는 짓입니다. 약점이 있다면 마땅히 보호해 주어야 합니다. 그 약점은 우리가 사랑해야 할 부분입니다.

우리는 왜 연약한 형제의 약점과 치명적인 상처를 보호해야 합니까? 예수님이 그렇게 하셨기 때문입니다. 이것은 윤리나 도덕적인 문제가 아닙니다. 휴머니즘 때문도 아닙니다. 우리가 약점과 치명적인 상처를 품어야 하는 것은 예수님이 그렇게 하셨기 때문입니다.

⁞ 십자가의 목적은 남을 기쁘게 하는 것입니다

예수님은 우리의 연약함을 알고 사랑하셨습니다. 우리가 죄인임을 알고 사랑하셨습니다. 우리의 죄와 병, 절망도 대신 짊어지셨습니다. 만약 예수님이 우리의 약점을 파고들었다면, 살아남아 있을 사람은 한 명도 없을 것입니다. 예수님이 모두 눈감아 주시고, 못 본 척하시고, 안 들은 척해 주셨기 때문에 여기에 있는 것입니다. 이처럼 은혜로 말미암아 용서를 받았으니 우리도 연약한 형제를 도와주어야 합니다. 로마서 14장과 15장을 보면 반복적으로 연약한 점을 비판하지 말고 감싸 주라고 우리에게 말씀합니다.

약한 사람을 도와주다 보면 그때부터 예수님을 느끼기 시작합니다. 이것이 중요합니다. 조건 없이 용서해 주거나 그 사람의 약점을 덮어 주면 놀랍게도 바로 그 순간 가슴속에 예수님이 살아 계신 것을 느끼게 됩니다. 아무리 좋은 말과 옳은 말로 비판해도 그곳에는 예수님이 계시지 않습니다.

둘째, 자기를 기쁘게 하지 말라는 것입니다. 우리가 좋은 옷을 입는 것, 학교에 가는 것 등은 모두 자신을 기쁘게 하는 것입니다. 반지가 맞느니 안 맞느니, 화장품이 내 얼굴에 맞느니 안 맞느니 하는 모든 것도 자기를 기쁘게 하려는 것입니다. 그러나 아내를 기쁘게 하기 위해 남편이 존재하고, 남편을 기쁘게 하기 위해 아내가 존재한다는 것을 믿어야 합니다. 그러면 가정에 평화가 찾아옵니다. 성경은 "너를 기쁘게 하지 말라. 너의 쾌락을 위해 살지 말라"고 말씀합니다. 왜냐하면 예수님이 그렇게 하셨기 때문입니다.

우리 각 사람이 이웃을 기쁘게 하되 선을 이루고 덕을 세우도록 할 지니라. **롬 15:2**

다른 사람을 기쁘게 하는 데도 법칙이 있습니다. 선을 이루고 덕을 세우는 것으로 다른 사람을 기쁘게 해야 합니다. 다른 사람을 도와준다고 술집에 데려가서는 안 됩니다. 남을 기쁘게 해 준다고 도박장에 데려서는 안 됩니다. 그것은 선을 이루는 것도 아니고 덕을 세우는 것도 아닙니다. 남을 도와주되 그것이 선을 이루고 덕을 세우는 것이어야 합니다.

왜 우리는 자신을 기쁘게 하면 안 됩니까? 예수님도 자신을 기쁘게 하지 않으셨기 때문에 그렇습니다(롬 15:3). 예수님은 자신을 위해 십자가를 지실 필요가 없었지만, 우리를 위해 십자가를 지셨습니다. 따라서 다른 사람을 위해 일하면서 '내가 왜 이런 고생을 해야 하지'라고 생각해서는 안 됩니다. '왜 나만 해야 하지'라는 생각을 해서도 안 됩니다. 우리가 그 일을 하게 된 것도, 손해를 보는 것도 축복입니다. 다른 사람은 다 떠나고 혼자 남아 청소하게 되는 것도 축복입니다. 예수님도 그렇게 하셨습니다.

자신을 기쁘게 하면서 살지 말고 자식들과 부모를 기쁘게 하면서 살아야 합니다. 앞으로 우리는 이 목적을 가지고 살아야 합니다. '내가 회사를 다니는 목적은 사장님을 돕기 위해서다'라고 생각해야 합니다. 그러면 복이 옵니다. 우리는 과분하게 일해야 합니다. 정해진 시간만 일하지 말고 시간을 넘어서 일해야 합니다. 그러면 복이 옵니다. 이는 성경의 놀라운 진리입니다. 예수님은 자신을 위해 기쁘게 하며 살지 않으셨습니다.

:: 섬기다가 죽어야 합니다

> 그는 죄를 범하지 아니하시고 그 입에 거짓도 없으시며 욕을 당하
> 시되 맞대어 욕하지 아니하시고 고난을 당하시되 위협하지 아니하
> 시고 오직 공의로 심판하시는 이에게 부탁하시며 친히 나무에 달려
> 그 몸으로 우리 죄를 담당하셨으니 이는 우리로 죄에 대하여 죽고
> 의에 대하여 살게 하려 하심이라 그가 채찍에 맞음으로 너희는 나
> 음을 얻었나니 **벧전 2:22-24**

예수님은 "여우도 굴이 있고 공중의 새도 거처가 있으되 인자는
머리 둘 곳이 없다"(마 8:20; 눅 9:58)라고 말씀하셨습니다. 자기 집이
없다는 사실에 불평해서는 안 됩니다. 예수님은 그런 집조차 갖지
않으셨습니다. 예수님은 철저하게 자기 시간도 없이 전부 빼앗긴 삶
을 사셨습니다. "내 시간이 없다. 내 공간이 없다"라고 말해서는 안
됩니다. 그것이 정상입니다. 내 것은 모두 남의 것입니다. 이것이 하
나님을 믿고 사는 삶입니다. 누군가에게 나의 건강도 시간도 빼앗기
는 사랑의 착취를 당하면서 사는 것이 그리스도인의 삶입니다. 그런
축복이 우리에게 있기를 바랍니다.

하나님을 섬기다가 죽으면 얼마나 좋습니까? 배부르게 살다가
좋은 곳에서 편안하게 고통 없이 죽는 것을 원합니까? 그것도 복일
수 있지만 십자가에서 죽을 수 있다면 그것이 가장 큰 복입니다. 복
음을 전하다가 죽을 수 있다면 그것이 가장 큰 축복입니다. 그분을

위한 일이라면 병들어 죽는다 해도 좋습니다. 사도 바울은 이런 고백을 합니다.

> 무엇이든지 전에 기록된 바는 우리의 교훈을 위하여 기록된 것이니 우리로 하여금 인내로 또는 성경의 위로로 소망을 가지게 함이니라. **롬 15:4**

예수님은 왜 십자가를 지셨습니까? 우리에게 소망을 주시기 위해서입니다. 예수님만 계시면 절망 가운데서도 소망이 있습니다.

> 이제 인내와 위로의 하나님이 너희로 그리스도 예수를 본받아 서로 뜻이 같게 하여 주사 한마음과 한 입으로 하나님 곧 우리 주 예수 그리스도의 아버지께 영광을 돌리게 하려 하노라. **롬 15:5-6**

우리 하나님은 항상 기다리시는 하나님이요, 위로하시는 하나님입니다. 우리에게 산 소망을 갖게 하신 그리스도를 본받아 그분께 영광을 돌리는 복된 삶이 임하시기를 축원합니다.

안락한 생활에
인생을 팔지 맙시다

더 높은 사회적 지위, 더 안락한 육신의 생활에 자신의 인생을
팔아선 안 됩니다. 고생이 되더라도 썩지 않을 영원한 양식에
인생을 투자해야 합니다. 이것이 선교의 보람이요, 축복입니다.

∷ '사랑의 원자탄' 같은 능력은 어디서 옵니까

오순절 마가의 다락방에 성령이 임한 뒤 제자들은 열방으로 흩어졌습니다. 성령의 세례가 있었습니다. 성령이 임하면 성령의 세례를 받게 됩니다. 이 성령 세례는 시각적으로, 청각적으로, 전인격적으로 우리에게 옵니다. 성령은 단순한 지적 대상이 아닙니다. 또한 어떤 관념도 아닙니다. 그분은 살아 있는 하나님이시며, 예수 그리스도이십니다.

그러면 그 성령이 인격적으로, 체험적으로, 신앙적으로 임하시게 되면 우리에게 무슨 일이 일어납니까? 여러 가지 일이 일어나는데, 그중 가장 중요하고 핵심적인 두 가지 사건이 있습니다.

첫째, 능력을 받게 됩니다. 이 능력은 세상적인 능력, 인간적인 능력이 아닙니다. 그것은 하나님의 능력, 하늘나라의 능력입니다. 이 능력은 매우 독특합니다. 이것은 인간의 힘으로 경험할 수 있는 것이 아닙니다. 예수님은 이것을 "세상이 주는 것과 같지 아니하니라"(요 14:27)고 말씀하십니다. 예수님을 알고 나면 이상하게도 마음이 평안해집니다.

사도 바울은 매를 맞고 감옥에 갇혔지만, 그곳에서도 하나님을 찬송했습니다. 도대체 어떻게 이런 일이 가능합니까? 초대교회 교인들이 화형을 당하면서도 영광스러운 주님을 찬양했던 힘은 어디에서 나온 것입니까? 자기 아들을 죽인 자를 용서할 수 있었던 손양원 목사님의 '사랑의 원자탄' 같은 일이 어떻게 일어났습니까? 인간 안에 그런 힘이 있습니까? 생각만 해도 이가 갈리는 원수, 복수하고 싶은 대상을 어떻게 눈물로 용서하고 안아 줄 수 있습니까? 이런 능력, 이런 힘은 어디서 오는 것입니까? 그렇습니다. 바로 성령 하나님으로부터 오는 능력입니다. 그 능력의 기초는 바로 예수 그리스도의 삶이었습니다. 예수 그리스도가 만들어 주신 십자가의 구원이 우리에게 능력이 된 것입니다.

인간은 권력에 의지하는 존재로, 끊임없이 권력을 추구합니다. 이것이 죄의 속성입니다. 인간은 하나님 대신에 돈과 권력, 지식 같은 능력을 갖고 싶어 합니다. 그러나 이런 세상적인 능력, 즉 인간이 노력하고 교육 받고 훈련해서 가질 수 있는 능력은 성령이 주시는 능력과는 다릅니다. 그런 능력은 하늘에까지 미치지 못합니다. 하늘의 능력은 하늘로부터 옵니다. 영적인 능력은 성령으로부터 옵니다. 사랑할 수 있는 능력, 용서할 수 있는 능력, 원수를 위해 기도할 수 있는 능력은 하늘로부터 생기는 것입니다. 또 이런 능력이 있습니다.

> 믿는 자들에게는 이런 표적이 따르리니 곧 그들이 내 이름으로 귀신을 쫓아내며 새 방언을 말하며 뱀을 집어올리며 무슨 독을 마실지라도 해를 받지 아니하며 병든 사람에게 손을 얹은즉 나으리라 하시더라. 막 16:17-18

성령의 능력은 우리의 영에, 정신 활동에 임합니다. 그리고 도덕성에도 육체에도 그 능력이 임합니다. 하나님은 믿는 자들에게 병을 고치는 능력도 주셨고, 귀신을 쫓는 능력도 주셨고, 독을 마시더라도 해를 받지 않는 초자연적인 능력을 주셨습니다. 우리 교회에 이런 능력이 충만하기를 바랍니다. 모든 그리스도인이 하나님께서 이런 능력을 주신다는 사실을 믿기를 바랍니다. 이런 능력을 체험하기를 바랍니다.

∷ 가던 길을 멈추고 떠나는 이유가 무엇입니까

둘째, 증인이 됩니다. 모든 그리스도인은 예수 그리스도의 증인입니다. 우리는 예수님의 십자가와 부활을 직접 목격하지는 못했지만, 성령을 받으면 눈으로 본 것보다 더 큰 확신을 가지게 됩니다.

도마는 예수님의 손과 허리를 만져 보고서야 "나의 주님이시요 나의 하나님이시니이다"라고 고백했지만, 예수님은 "너는 나를 본 고로 믿느냐 보지 못하고 믿는 자들은 복되도다"(요 20:29)라고 말씀하셨습니다. 이것이 우리에게 주시는 말씀입니다. 우리는 보지 않았지만 더 확실하게 믿어야 합니다. 그것이 성령의 능력입니다. 2천 년이 지난 사건임에도 불구하고 방금 예수님을 만난 것처럼 이야기해야 합니다. 교통사고를 당하면 시간이 오래 지났어도 생생하게 그 기억이 나듯 갈보리 언덕의 그 현장에서 경험할 수 있었던 것보다 더 생생하게 십자가 사건이 느껴져야 합니다. 이것이 바로 성령의 능력입니다.

성령이 임하면 우리는 이런 부활의 증인이 됩니다. "너희는 가서 모든 민족을 제자로 삼아 아버지와 아들과 성령의 이름으로 세례를 베풀고 내가 너희에게 분부한 모든 것을 가르쳐 지키게 하라 볼지어다"고 하신 예수님의 말씀이 우리에게 실현되는 것입니다(마 28:19-20). 그래서 하나님 뜻대로 살고 싶은 것입니다.

만약 누군가를 억지로 선교사로 내보낸다면 그 사람이 가겠습니까? 가지 않습니다. 선교사는 자기가 좋아서 선택한 길입니다. 듣고 보고 체험했기 때문에 자기가 가던 길을 멈추고 선교사의 길을 가는 것입니다. 하나님의 일은 자기가 좋아서 하는 것입니다. 증인이 되고 싶어 합니다. 그래서 병원도, 교수도, 사업도 그만두고 떠나는 것입니다. 아무도 그들을 말릴 수 없습니다. 하나님의 증인이 되고 하나님의 뜻대로 살고 싶다는 생각이 너무 확고하기 때문입니다. 그들은 예수 그리스도를 증거하며 살고 싶어 합니다. 글로, 물질로, 재능으로, 모든 것으로 하나님을 증거하고 싶어 합니다. 진실한 교회와 거짓된 교회는 전도와 선교로 구별할 수 있습니다. 선교하지 않으면 가짜 교회라고 단언해도 괜찮습니다. 그만큼 선교는 중요한 일입니다.

예수님은 우리에게도 증인의 비전을 선포해 주십니다.

> 너희는 넉 달이 지나야 추수할 때가 이르겠다 하지 아니하느냐 그러나 나는 너희에게 이르노니 너희 눈을 들어 밭을 보라 희어져 추수하게 되었도다 거두는 자가 이미 삯도 받고 영생에 이르는 열매를 모으나니 이는 뿌리는 자와 거두는 자가 함께 즐거워하게 하려 함이라. 요 4:35-36

예수님의 비전은 "눈을 들어 밭을 보라 희어져 추수하게 되었도다"라는 말씀을 통해 알 수 있습니다. 비전은 멀리, 높게 보는 것입니다. 그래서 남이 보지 못하는 것을 볼 수 있어야 합니다. 세상의 영혼에게 영원히 목마르지 않은 생수, 영원히 배고프지 않은 양식을 먹이는 것이 예수님의 비전이었습니다.

'넉 달'이라는 시간은 씨를 뿌리고 난 후 추수할 때까지의 기간을 말합니다. 농부가 씨를 뿌리고 넉 달이 지나면 추수할 시기가 되는데, 예수님은 "바로 지금이 추수할 시기다"라고 말씀하십니다. 추수할 시기를 놓치면 수확을 망치게 됩니다. 우리는 눈앞에 펼쳐

진 넓은 들판에서 자라난 잘 익은 곡식을 적기에 거둬들이는 지혜가 필요합니다.

:: 썩어질 양식을 위하여 인생을 낭비하겠습니까

세계적으로 굶주려 죽는 영혼들, 하루에 1달러 미만으로 사는 절대 빈곤층의 사람이 전세계 인구 중 5분의 1인 12억 명 정도가 된다고 합니다. 한편 중국이 13억 명, 인도가 10억 명, 이슬람 국가가 13억 명의 인구를 가지고 있습니다. 종교로 보면 힌두교도가 8억 명, 불교도가 3억 6천만 명, 종교를 갖지 않은 사람이 7억 6천만 명, 중국 전통 종교를 믿는 사람이 4억 명 등으로 추산되고 있습니다.

예수님을 모른 채 죽어 가는 영혼이 지구 도처에 가득합니다. 동서남북을 살펴보면 추수할 곡식이 널려 있고, 그 곡식은 지금 낫을 기다리고 있음을 발견하게 됩니다. 예수님은 지금 곡식이 희어져 추수할 때라고 말씀하십니다.

우리는 예수님이 말씀하신 추수 시기에서 중요한 것을 배울 수 있습니다.

첫째, 긴급성입니다. 눈을 들어 밭을 보면 추수 시기가 되었음을 알 수 있으니 낫을 들고 빨리 가서 곡식을 거둬들이라는 것입니다. 때를 놓치면 모든 것을 망쳐 버리게 된다는 것입니다.

둘째, 상급과 열매입니다. 거두는 자는 이미 삯도 받고, 영생에 이르는 열매를 거두기 시작했습니다.

셋째, 기쁨입니다. 씨를 뿌린 사람과 추수하는 사람이 함께 기뻐할 것이라고 하십니다. 이 말은 씨 뿌리는 사람과 추수하는 사람이 따로 있음을 의미합니다. 우리는 씨 뿌리는 수고도 하지 않고 추수하는 일에 참여해 상급과 열매를 얻게 되는 것입니다. 이미 많은 사람이 씨를 뿌렸으므로 지금은 열매를 거둬들일 때입니다. 예수님은 이제 우리에게 씨 뿌리는 자의 영광에 추수하는 자로서 참여하라고 말씀하십니다.

> 그런즉 한 사람이 심고 다른 사람이 거둔다 하는 말이 옳도다 내가 너희로 노력하지 아니한 것을 거두러 보내었노니 다른 사람들은 노력하였고 너희는 그들이 노력한 것에 참여하였느니라. 요 4:37-38

지금 이 순간 예수님의 비전을 선포할 수 있게 되어 무척 기쁩니다. 예수님은 "너희는 눈을 들어 밭을 보라. 희어져 추수할 때가 되었도다. 너희는 씨 뿌리는 노력을 하지 않았지만 나가서 곡식을 거두면 씨 뿌리는 자의 영광에 추수하는 자로서 참여하는 것이다"라고 말씀해 주십니다. 할렐루야!

예수님의 비전을 들으면 가슴이 벅차오름을 느낍니다. 우리는 예수님과 동일한 비전을 소유할 수 있어야 합니다. 썩어질 양식을 위해 인생을 낭비하지 말고, 영원히 썩지 않을 양식을 위해 규모 있는 삶을 설계해야 합니다.

우리는 각자의 인생을 예수님께 드려야 합니다. 더 높은 사회적 지위, 더 안락한 육신의 생활에 자신의 인생을 팔아선 안 됩니다. 고생이 되더라도 썩지 않을 영원한 양식에 인생을 투자해야 합니다. 이것이 선교의 보람이요, 축복입니다.

지체할 수 없는
하나님의 사람

지금 세계 도처에서 많은 영혼이 "어서 와서 우리를 도와주십시오. 우리는 당신이 필요합니다. 당신의 돈이나 문화나 지식이 아니라 당신이 가지고 있는 예수가 필요합니다. 와서 우리를 도와 주십시오"라고 외치고 있습니다. 지금도 예수님을 믿지 않는 사람들은 이처럼 간절하게 우리를 부르고 있습니다. 그런 영적인 음성을 듣는 귀가 우리에게 있기를 바랍니다.

준비,
Calling

하나님은 오래전부터 설득하고 부르고 의롭다고 하시고 정결하
게 하셔서 선교사로서의 일을 감당하도록 준비시키십니다. 기
도하게 하십니다.

∴ 인생의 본질은 하나님께 헌신하는 데 있습니다

세계선교는 성령님이 예비하고 준비하신 사람들을 통해 이루십
니다.

주를 섬겨 금식할 때에 성령이 이르시되 내가 불러 시키는 일을 위
하여 바나바와 사울을 따로 세우라 하시니. **행 13:2**

따로 세우라는 말씀은 "그 사람을 너한테서 분리해 내게로 이양
하라"는 뜻입니다. 이 말씀은 "나를 도와 달라"는 뜻이 아닙니다.
아예 그 사람을 떼어서 나에게 달라는 것입니다. 이는 결혼하는 것

과 똑같습니다. 그 사람을 완전히 그 가족한테서 떠나게 하여 나에게 달라는 것입니다.

지금 성령님은 교회에 바나바와 사울을 따로 세우라고 말씀하십니다. 성령님은 우리의 일을 위하여 사람을 예비하고 준비하십니다. 바울과 바나바는 갑자기 부름 받은 것이 아닙니다. 하나님은 어느 날 갑자기 부르시지 않습니다. 하나님은 우리에게 소원을 두고 준비시키십니다.

태국에 있는 어느 선교사는 중학교 때 헌신을 했답니다. 중학생이 뭘 알겠습니까? 그러나 그는 그때 은혜를 받고 또 한편으로는 그 분위기에 빨려 들어가 선교사로 헌신하겠다고 손을 들었답니다. 그러고는 다 잊어버렸지만, 시간이 흘렀어도 하나님은 잊지 않으셨습니다. 헌신한 순간부터 그를 기억하고 계셨습니다. 혹시 선교사로 한 번이라도 헌신하겠다고 말한 사람들은 명심해야 합니다. 당신은 잊어버렸을지라도 하나님은 기억하고 계십니다. 하나님은 오래전부터 설득하고 부르고 의롭다고 하시고 정결하게 하셔서 그 일을 감당하도록 준비시키십니다. 기도하게 하십니다. 이상하게 선교라는 단어를 들으면 귀가 솔깃합니다. 왜 그런지 알 수가 없습니다. 선교사가 와서 이야기하면 '나는 아니다'라고 생각하면서도 집중해서 듣게 됩니다. 하나님께서 그렇게 자꾸 준비시키시는 것입니다.

하나님은 바울을 준비시키셨습니다. 바나바를 준비시키셨습니다. 그리고 때가 되기를 기다리셨습니다. 때가 되자 그들에게 나타나서 "바나바와 사울을 따로 세우라"고 말씀하셨습니다. 따로 세운다는 말은 헌신을 뜻합니다.

결혼도 헌신입니다. 내가 한 여자와 결혼한다는 것은 지상에 있는 다른 모든 여자를 포기한다는 뜻입니다. 내가 선택한 여자보다 더 예쁜 여자, 더 매력적이고 지혜로운 여자가 나타날 수 있습니다. 그러나 더 좋은 여자가 나타나도 흔들리지 않겠다는 것입니다. 이것이 헌신입니다. 헌신하지 않는 결혼은 더 좋은 조건이 생기면, 또는 불행한 일이 생기면 이혼으로 끝나고 맙니다.

우리는 자신의 인생을 어딘가에 헌신해야 합니다. 막연한 기대감을 갖고 살아서는 안 됩니다. 우리는 하나님께 헌신해야 합니다. 인생의 본질은 하나님께 헌신하며 사는 데 있습니다. 헌신한다는 말은 우선순위가 생긴다는 말입니다. 우선순위가 생기면 해야 할 것과 하지 말아야 할 것이 결정됩니다. 나는 목회자로서 두 곳에 헌신했습니다. 온누리교회와 두란노서원입니다. 그래서 온누리교회와 두란노서원에서 명령하는 것에 우선순위를 둡니다. 교회 사역 부서에서 "작은 교회로 가라"고 말하면 갈 수밖에 없습니다. 헌신했기 때문입니다. 두란노서원에서 "가라"고 하면 갈 수밖에 없습니다. 헌신했기 때문입니다.

과연 우리는 무엇에 헌신했습니까? 가장 불행한 사람은 헌신할 대상이 없는 사람, 부를 노래가 없는 사람, 들어야 할 깃발이 없는 사람, 되는 대로 살아가는 사람, 좋은 형편을 따라 살아가는 사람, 좋은 조건을 따라 살아가는 사람입니다. 사람은 자기가 가야 할 길이 있어야 합니다. 자기가 부를 노래가 있어야 합니다. 기꺼이 죽어 줄 수 있는 대상이 있어야 합니다. 세상에서 가장 행복한 사람은 죽어 줄 대상이 있는 사람입니다. 누군가를 위해 죽을 수 있다면 얼마나 좋겠습니까!

하나님은 헌신자를 찾으십니다. 지금 어떤 직업에 종사하든지, 어떤 형편에 있든지, 나이가 얼마든지 간에 이 시간에 하나님께 헌신할 수 있기를 바랍니다. 헌신하면 이곳에 갈까 저곳에 갈까 고민하지 않아도 됩니다. 왜냐하면 갈 길은 오직 한 길밖에 없기 때문입니다.

⁝ 있는 곳에서 헌신해야 합니다

바울은 헌신한 사람이었습니다. 베드로도, 열두 제자도 헌신한 사람이었습니다. 이처럼 우리도 헌신하는 사람이 되어야 합니다. "내가 무슨 직업을 택하든지, 내 형편이 좋아지거나 나빠지거나, 내가 높은 자리에 있거나 낮은 자리에 있거나 내 마음을 정했으니, 다니엘처럼 내 마음이 확정되었으니 세상에 그 어떤 것도 내 마음을 흔들 수 없습니다. 내가 갈 길은 이 길뿐입니다." 바로 이렇게 헌신한 사람을 통해 세계선교가 이루어집니다.

어떤 면에서 보면 목사로 헌신하는 것이 쉬울 수도 있습니다. 직장에서 좋은 직책을 가지고 있다가 부름을 받으면 직장을 그만두고 신학교에 갑니다. 공부를 마치고 목사가 되어 목회를 합니다. 그런데 목회자의 가장 큰 비극은 그렇게 구분되었음에도 불구하고 계속해서 세상에 눈짓을 보내는 것입니다. 그런 목사는 참 불쌍합니다. 세상을 버리고 주님을 위해 살겠다고 해놓고서, 세상이 좋아서 그렇게 처신한다면 얼마나 불행한 일입니까! 아무리 세상적으로 여러 가지 능력을 가졌다고 하더라도 목사는 그곳으로 가면 안 됩니다. 목사는 새장의 새처럼 하나님을 위해 일하도록 갇힌 사람입니다. 또 경마하는 말이 옆을 보지 못하도록 눈에 가리개를 씌운 것과 같습니다. 다른 것을 보면 죽습니다. 우리는 이렇게 부름을 받았습니다. 선교사들도 그렇게 하도록 부름을 받았습니다.

최근 굉장히 놀라운 부름을 받은 한 사람을 발견했습니다. 헌트 씨입니다. 사업가인 그는 뉴질랜드 사람으로 70세 가까이 되었는데, 아내가 그곳에서 공부할 때 여러모로 도움을 주었습니다. 그가 서울을 방문해 오랜만에 만나게 되었습니다. 그는 비행기를 타고 한참 날아가도 숲의 끝이 안 보일 만큼 그렇게 많은 나무를 가진 큰 부자입니다.

그가 새벽 기도에 와서 간증한 후 함께 식사를 하는데, 갑자기 "이 교회는 사업가가 헌신할 때 헌신 예식을 해 줍니까?"라고 물어보는 것이었습니다. "우리는 그런 것을 해 본 적이 없습니다"라고 대답하자 그는 20대 후반에 사업을 시작할 때 헌신했다고 말했습니다. 그는 선교사나 목사로서 헌신한 게 아니라 사업에 헌신한 것입니다. 그는 자기 삶의 수준을 미리 정해 놓았습니다. 그 이상으로는 살지 않기로 해서인지 그의 옷은 2차 세계대전 때나 볼 수 있을 만큼 허름한 옷이었습니다. 그는 다리를 좀 절룩거리는데, 몸 안에 쇠가 있어서 그렇다고 합니다. 1년 동안 해외여행을 얼마나 다니느냐고 물었더니 6개월 정도 다닌다고 했습니다. 대관절 중국에서 무슨 사업을 하고 있느냐고 물었더니 없다고 대답했습니다. 그런데 중국에 40번 정도 다녀왔다고 했습니다. 바로 전도하기 위해서입니다. 사업하는 위치와 지혜를 이용해 아침, 점심, 저녁 식사 시간마다 사업상 손님들을 만나면 전도를 한다고 합니다. 그의 몸은 전도지로 꽉 차 있었습니다. 도와주는 선교 단체의 리스트로 가득 차 있었습니다.

그는 누구든지 만나면 전도를 합니다. 그의 인격적 성숙은 어느 목회자 못지않습니다. 그는 돈을 벌면 어느 정도 이상은 갖지 않고 남는 모든 이익은 헌금을 합니다. 그리고 후원금은 자기가 관리하지 않고 신실한 사람에게 맡겼습니다. 그 관리자가 기도하면서 그 돈을 맡아 마음대로 쓰도록 하는데, 단 하나 조건이 있었습니다. 아무도 모르게 그 돈을 쓴다는 것입니다. 신학교를 도와주고 가난한 사람을 도와주고 신학생을 도와주고 병든 사람을 도와주는 일에 계속 돈을 쓰고 있다고 했습니다.

그를 보고 얼마나 감동받았는지 모릅니다. 그는 목사나 선교사라는 타이틀을 갖지 않았지만, 자신의 직업을 통해 헌신하고 있었습니다. 우리 중에서 그런 사람이 많이 나오기를 바랍니다. 사업을 하지만, 취직해서 회사에 다니지만 주님께 헌신할 수 있어야 합니다. 꼭 선교사로, 목사로 사는 것만이 헌신은 아닙니다. 문제는 직장인이든 목사든 선교사든 어떤 직업에 종사를 하든지 자신의 삶을 헌신할 수 있느냐 하는 것입니다. 어떻습니까? 그렇게 하겠습니까? 대답은 쉽지만 실제로 그렇게 하기는 참으로 힘듭니다. 한두 번은 할 수 있습니다. 한두 해는 할 수 있습니다. 그러나 평생을 그렇게 산다는 것은 결코 쉬운 일이 아닙니다. 그러나 하나님은 헌신한 사람을 통해 일하십니다.

⠖세상에서 가장 소중한 것을 바쳐야 합니다

마지막으로 세계선교는 순교를 통해 이루어집니다.

> 이에 금식하며 기도하고 두 사람에게 안수하여 보내니라. 행 13:3

안디옥 교회의 지도자 다섯 명은 바울과 바나바를 따로 세우라는 말씀을 들었습니다. 그 순간 다섯 사람 모두 충격을 받았을 것입니다. 바울과 바나바 본인도 충격을 받았을 것이고, 나머지 세 사람도 그들대로 충격을 받았을 것입니다. "아니, 바울을 떼어 가고 바나바를 떼어 가시면 우리 교회는 어떻게 해야 합니까?" "하나님, 너무하십니다. 가장 좋은 부분만 쏙쏙 골라 가시다니요"라고 걱정스러운 불만을 토로하지 않았겠습니까?

그러나 어떻게 남아도는 자투리 시간, 찌꺼기 시간을 드리면서 헌신하고 봉사한다고 말할 수 있겠습니까? 시간이 없다고, 바쁘다고 자꾸 핑계를 대서는 안 됩니다. 헌금도 최선을 다해 가장 좋은 것으로 드려야 합니다. 지금 가장 좋은 것을 하나님께 드리고 있습니까?

언제인가부터 이런 슬픈 얘기가 회자되고 있습니다. 일류대학 떨어지고, 이류대학 떨어지고, 삼류대학에도 떨어지면 "신학교에 가야겠다"라고 말했습니다. 예전에는 목회자들도 그렇게 생각했습니다. 그러면 과연 일류대학 떨어지고 이류대학 떨어지면 가는 곳이 신학교입니까? "선교를 해야 한다고요? 아, 해야지요. 하지만 내 자식은 안 됩니다. 다른 사람보고 하라고 하세요. 당신 자식은 가도 되지만 내 아들은 미국으로 유학을 가야 합니다. 그래서 교수도 되어야 하고 의사도 되어야 합니다." 과연 그렇습니까?

우리의 첫 열매는 하나님 것입니다. 가장 좋은 것이 하나님 것입니다. 가장 시시한 것이 아니라 가장 좋은 것을 바쳐야 합니다. 우리 생애에서 가장 소중한 것을 바쳐야 합니다.

어느 의료선교사 부인의 간증을 들은 적이 있는데 아직까지 잊혀지질 않습니다. 네팔로 떠나기 전 40세의 그 선교사는 외과 의사로서 한창 능력을 인정받고 있었습니다. 그런 그가 선교사로 헌신하겠다고 하자 간호사이던 그의 부인은 심하게 반대했습니다. 남편이 말을 안 들으니까 부인은 '남편이 효자니까' 하는 생각에 부모님 핑계를 댔다고 합니다. "어머니께서 연세가 있어 곧 돌아가실 텐데 어머님 장례식은 치르고 떠나야 할 것 아니에요?" 그러나 남편의 대답은 "그래도 가야 한다"는 것이었습니다. 아무리 반대해도 안 되니까 "아들이 고3이니 아들 대학 시험만 치르고 갑시다"라고 만류했습니다. 그러자 부인에게 이런 말을 했답니다. "마흔 살은 외과 의사로서 한창 실력을 발휘할 수 있는 때라고 생각하오. 나는 내 인생의 황금기를 주님께 드리고 싶지 노년을 드리고 싶지는 않소." 결국 그 부인은 "당신의 뜻에 순종하겠어요"라고 대답했답니다. 그 선교사 부부는 지금도 선교지에 살고 있습니다. 이런 고백을 통해 이들은 자신의 일생을 헌신한 것입니다.

"내 인생에서 가장 아름다운 황금기를, 내 인생에서 가장 소중한 것을 당신께 드리겠습니다."

좋은 부분은 세상을 위해 다 쓰고 나서 "주여, 이제 은퇴했사오니 받아 주시옵소서. 어차피 늙어서 이젠 갈 데도 없습니다"라고 말하며 주님께 나오겠습니까?

청년들에게 두 가지를 부탁하고 싶습니다. 첫째, 대학 기간을 5년으로 생각하라는 것입니다. 대학 2학년 때 1년을 휴학하고 선교지에 가는 겁니다. 1년을 그렇게 보내는 겁니다. 그 후 대학을 졸업하고 군대에 갔다 오면 직장을 갖는 시기가 될 것입니다. 둘째, 직장을 갖기 전 1년을 다시 한 번 헌신하라는 겁니다. 그렇게 최소한 생애의 2년은 하나님께 바치는 겁니다. 월급을 받지 말고 맨몸으로 가야 합니다. 자신의 몸으로 헌신해야 합니다. 아프리카도 좋고 아시아도 좋고 국내도 좋습니다. 어디든 좋으니 자신의 생애에서 2년을 아낌없이 헌신하는 겁니다.

빨리 졸업해서 뭐하겠습니까? 월반해서 어쩌자는 겁니까? 많은 사람을 만나 보고 얻은 결론은 사회에서 빨리 성공하고 승진해도 행복하지 않다는 것입니다. 헌신은 자꾸 연습해야 합니다. 1년 해 보고, 그다음 1년을 더 해 보고, 또다시 1년을 해 보고, 그리고 그런 식으로 계속 1년씩 헌신해 보는 겁니다.

안디옥 교회는 자신들이 가장 소중하게 생각했던 바울과 바나바 두 사람을 내놓으라는 성령님의 음성 앞에서 고민하기 시작했습니다. 금식했습니다. 그다음에 기도했습니다. 우리는 이 두 말 속에서 그들이 얼마나 고민하고 갈등했는지를 알 수 있습니다. 그런 다음 내린 결론이 무엇이었습니까? 두 사람에게 안수해서 보냈습니다. 할렐루야! 그들은 말씀에 순종했습니다.

우리는 여기서 성령님에 대해 세 가지를 배우게 됩니다.

첫째, 성령님이 이 일을 하신다는 사실입니다. "성령이 이르시되 내가 불러 시키는 일을 위하여 바나바와 사울을 따로 세우라"(행 13:2)고 했습니다. 바로 성령님이 일하십니다.

둘째, 성령님이 일하실 수 있도록 사람들이 환경을 만들어 드렸다는 사실입니다. 금식하며 하나님 말씀 앞에 있으면서 봉사했습니다.

셋째, 성령님께 순종함으로써 그들은 현명한 선택을 했다는 사실입니다. 그때 이방의 문이 열렸습니다.

뜨거운 가슴으로 성령님의 음성을 듣기를 바랍니다. 성령님이 일하시도록 환경을 만들기를 바랍니다. 그리고 성령님과 동행하기를 바랍니다.

선교사는 하나님께
순종하는 사람입니다

우리 모두 하나님의 인도하심에 민감하기를 바랍니다. 그리고
순종하기를 바랍니다. "와서 우리를 도와 달라"는 영혼들의 애
절한 음성을 듣게 되기를 바랍니다.

∶∶ 예측하지 못한 일들이 일어납니다

사도 바울의 2차 전도여행에서는 특별한 성령의 역사가 있었던
것을 보게 됩니다. 1차 전도여행에서는 그런 일이 일어나지 않았습
니다. 1차 전도여행 때는 성령께서 그들이 가고자 하는 곳으로 가도
록 하셨습니다. 그들은 일사천리였습니다. 핍박을 받으면 떠나고
옮겨간 그곳에서 핍박을 받으면 또다시 떠났습니다. 그러나 2차 전
도여행은 달랐습니다. 2차 여행은 하나님의 성령이 간섭하시는 선
교여행이었습니다.

바울이 더베와 루스드라에도 이르매 거기 디모데라 하는 제자가 있

으니 그 어머니는 믿는 유대 여자요 아버지는 헬라인이라. ^{행 16:1}

사도 바울은 바나바와 헤어진 후에 실라를 데리고 안디옥을 떠나 수리아와 길리기아 쪽으로 움직였습니다. 그리고 1절에 기록된 것처럼 더베와 루스드라까지 왔습니다. 그는 거기서 디모데라는 청년을 만나게 되는데, 이 구절을 자세히 살펴보면 하나님의 특별한 개입을 알 수 있습니다. 즉 성령께서 간섭하고 계십니다. 성령께서 간섭하신다는 것을 쉽게 표현하면 "사도 바울 마음대로 안 된다"라는 뜻입니다. 이것이 성령의 간섭입니다. 프로그램이 자꾸 수정되는 것입니다. 바울은 이렇게 하려고 하는데 하나님이 저렇게 바꾸시는 것입니다. 바로 여기에 하나님의 놀라운 비밀과 성령의 인도하심이 있습니다.

하나님이 바울의 전도 계획을 어떻게 수정하셨는지 보겠습니다. 먼저 바울과 바나바가 헤어진 사건입니다. 원래 바울은 바나바와 헤어질 마음이 전혀 없었습니다. 그는 바나바와 함께 2차 전도여행을 가려고 했습니다. 성경을 보면 바울이 바나바에게 함께 전도여행을 떠나자고 요청하는 장면이 나옵니다 (행 15:36). 그러나 그 제안을 한 직후에 마가라 하는 요한을 전도여행에 데리고 갈 것이냐 하는 문제를 두고 두 사람이 대립하다가 다툼이 일어났고 급기야 헤어지고 말았습니다. 곰곰 생각해 보면 바울과 바나바가 헤어진 이유가 잘 납득이 가질 않습니다. 사도 바울의 입장에서 볼 때, 이런 결과는 바울 자신의 의도나 생각과는 전혀 다른 것이었습니다. 그는 '이렇게' 하려고 했는데 '저렇게' 되어 버린 것입니다.

그리고 전도여행의 방향에서도 똑같은 일이 발생했습니다. 바울은 키프로스를 통해 예전에 방문했던 지역들을 다시 찾아가려고 했는데, 바나바와 마가가 먼저 그 코스로 가 버려서 바울을 난처하게 만들었습니다. 결국 바울은 거꾸로, 즉 수리아와 길리기아 쪽으로 방향을 돌립니다. 바울은 '거꾸로 가나 바로 가나 가는 건 마찬가지겠지'라고 생각했는지도 모릅니다.

그런데 거꾸로 돌아간 것 때문에 바울은 예상치도 못했던 새로운 일을 만나게 되었습니다. 이것이 바로 성령님의 역사입니다. 성령님은 바울이 전혀 예측하지 못했던 일을 일으키셨습니다. 그중 하나가 루스드라에서 돌에 맞아 죽을 뻔했던 젊은 디모데를 만난 것입니다. 이것은 전혀 예측하지 못한 일이었습니다.

바울은 디모데를 부를 때 '형제 디모데'라는 표현을 썼습니다. 디모데후서에서는 '아들 디모데'라고 했습니다. 전도여행 때마다 디모데는 바울을 그림자처럼 따라다녔고, 바울이 고통을 겪을 때나 감옥에 갇힐 때도 언제나 주변에서 그를 도왔습니다. 이런 디모데를 바로 2차 전도여행 중 생각지도 못한 곳에서 만난 것입니다. 이 말씀을 보면서 '하나님은 그분의 일을 할 때마다 사람을 세워서 붙여 주시는구나'라는 생각을 하게 되었습니다. 하나님이 사람을 붙여 주시는가 안 붙여 주시는가를 통해서도 그것이 하나님의 일인지 아닌지를 알 수 있습니다.

∷막으셨다면 다른 길을 열어 놓으셨을 겁니다

여러 성으로 다녀 갈 때에 예루살렘에 있는 사도와 장로들이 작정한 규례를 그들에게 주어 지키게 하니 이에 여러 교회가 믿음이 더 굳건해지고 수가 날마다 늘어가니라. 행 16:4-5

바울은 계속해서 여러 성을 다니면서 복음을 증거했습니다. 그 결과 여러 교회의 믿음이 더욱 굳건해지고 날마다 그 수가 늘어났습니다. 여기서 우리는 사도행전 교회의 한 특징을 보게 됩니다. 사도행전의 교회는 멈출 줄 몰랐습니다. 커지면 흩어져서라도 계속 전진했습니다. 이것이 곧 하나님의 교회입니다.

하나님의 교회는 멈출 줄 모르고 계속해서 움직여 왔습니다. 그들은 무덤을 파지 않았습니다. 계속 움직이고 서로를 포용하며 하나님의 생명을 생산했습니다. 이것이 진정한 교회의 모습입니다. 진정한 하나님의 사람들은 멈추지 않습니다. 환난과 핍박 속에서도 날로 성장하며 날마다 그 수가 불어나는 것이 바람직한 교회의 모습입니다.

그런데 이렇게 열심히 복음을 전한 바울과 실라와 디모데에게 문제가 생겼습니다.

성령이 아시아에서 말씀을 전하지 못하게 하시거늘 그들이 브루기아와 갈라디아 땅으로 다녀가 무시아 앞에 이르러 비두니아로 가고

자 애쓰되 예수의 영이 허락하지 아니하시는지라. ^{행 16:6-7}

사람이 막았다면 괜찮았을 것입니다. 오히려 신이 났을지도 모릅니다. 사람들이 전도하지 못하도록 돌을 던졌다면 죽음을 무릅쓰고서라도 밀고 나갔을 텐데, 문제는 성령께서 막으셨다는 것입니다. 그러니 여간 심각한 일이 아닐 수 없었습니다.

하나님의 생각은 사람의 생각과 다릅니다. 하나님이 보시기에 좋은 것과 사람이 보기에 좋은 것은 다릅니다. 소위 합리적이라고 하는 사람들은 이런 일을 절대 이해하지 못합니다. 그들은 '왜 저렇게 살까? 무엇 때문에 선교사로 갈까?'라고 의아해합니다. 심지어 교인들 중에도 비슷한 생각을 하는 사람이 많습니다. "다른 일도 많은데 그냥 돈 벌어서 그 돈으로 도와주면 되지, 직접 선교사로 갈 필요가 있습니까?" "교회가 왜 그런 일을 해야 합니까? 국내에서도 전도할 곳이 많은데, 왜 꼭 해외로 나가야 합니까?"

많은 사람이 인간적인 생각으로 하나님의 일을 이해하려고 합니다. 그래서 이해하지 못하는 것입니다. 하나님의 성령께서는 친히 우리의 일을 사람의 생각과 다른 방법으로 이루어 가십니다. 이것이 사도행전의 내용입니다. 이것은 개인의 역사나 민족의 역사에서도 찾아볼 수 있습니다.

지금 성령께서 아시아 전도의 길을 막고 계십니다. 바울 일행은 브루기아와 갈라디아 땅을 건너가서 무시아 앞에 이르렀습니다. 그는 무시아에서 드로아로 갈 것인지 비두니아로 갈 것인지를 놓고 갈등하고 있었습니다. 그때 하나님은 바울이 비두니아 쪽으로 가는 것을 계속 막으셨습니다.

우리가 뭔가를 열심히 하고 있는데 자꾸 막히면 거기에 하나님이 개입하고 계신다는 사실을 기억하기 바랍니다. 물론 마귀가 방해하는 경우도 있습니다. 그러므로 우리는 이 두 가지를 놓고 신중하게 잘 분별해야 합니다. 만약 마귀가 막고 있는 것이라면 뚫고 나가야 합니다. 그러나 하나님이 막으시는 것이라면 주의 깊게 살펴서 다른 길을 찾아야 합니다. 하나님이 어떤 일을 막으실 때는 반드시 다른 길을 열어 놓고 계시기 때문입니다.

6-7절을 통해서 또 한 가지 생각해 볼 문제가 있습니다. 성령님은 '예수님의 영'이라는 사실입니다. 성령님은 막연한 감정이나 어떤 능력, 힘이 아닙니다. "성령 받으라"고 말씀했다고 해서 공을 주고받듯 할 수 있는 존재가 아닙니다. 성령님은 곧 예수님이요, 예수님을 영화롭게 하시는 분입니다. 성령님은 바로 그리스도의 영이십니다.

⠿ 인간은 자기 자신밖에 모릅니다

아시아와 비두니아로 가지 못하게 하신 성령님의 의도가 무엇인지 살펴보겠습니다.

무시아를 지나 드로아로 내려갔는데 밤에 환상이 바울에게 보이니 마게도냐 사람 하나가 서서 그에게 청하여 이르되 마게도냐로 건너 와서 우리를 도우라 하거늘. ^{행 16:8-9}

무시아 앞에 이른 바울은 비두니아로 가려고 했습니다. 그런데 그 일이 마음대로 되지 않았습니다. 누군가 그곳으로 가지 못하게 막았습니다. 그런 상황에서 바울은 당황했을 것입니다. 그러던 중 드로아에서 바울은 밤에 환상을 봅니다. 그 환상의 의미는 이제 소아시아에 머물러 있지 말라는 것이었습니다. 바울의 뜻은 소아시아로 가는 것이었지만, 하나님의 계획은 달랐습니다. 이는 소아시아를 전도하지 말라는 것이 아니라 소아시아에 머물지 말고 "그물을 넓게 치라"는 뜻입니다. "동서남북을 바라보라. 이것이 다 네 것이다"라는 것입니다. 그래서 성령님은 바울을 유럽과 아시아의 경계가 되는 항구 드로아를 거쳐 유럽으로 보내십니다.

죄인인 우리 인간은 자기중심적으로 생각합니다. 자기 자신과 자기 가정밖에 모릅니다. 기껏 넓게 생각해 봐야 자신이 다니는 교회입니다. 그래서 자기 자신, 자기 가정, 자기 교회만 잘되면 된다고 생각하지만, 절대 그렇지가 않습니다. 자기 교회만 잘되면 되는 것이 아니라 한국 교회가 다 잘되어야 하고 세계 교회가 다 잘되어야 합니다. 우리의 지경은 서울이 아닙니다. 한국이 아닙니다. 왜 그렇습니까? 하나님은 전 세계의, 온 우주의 하나님이시기 때문입니다.

성령님은 지금 바울의 지경을 넓혀 주고 계십니다. 1차 전도여행 때는 소아시아만 생각하게 하셨는데, 2차 전도여행 때는 유럽을 가게 하십니다. 그리고 3차 전도여행 때는 지경을 더 넓혀 로마를 거쳐 스페인을 보게 하십니다. 이런 비전이 우리 교회에서도 이루어지길 바랍니다. 하나님은 우리에게 "네 생각을 넓히라. 네 지경을 넓히라. 네 믿음을 넓히라"고 말씀하십니다. 우리는 계속해서 바울의 지경을 넓히고 계신 하나님의 섭리를 봅니다.

드로아는 유럽과 통하는 소아시아의 항구 도시인데, 유럽과 아시아 사이에 일어났던 트로이 전쟁의 중심지이기도 합니다. 드로아에서 하룻밤 자는 동안 바울 앞에 환상이 나타났습니다. 이것은 꿈과 다른 것입니다. 하나님이 직접 베드로에게 보여 주셨던 것처럼 이 밤에는 바울에게도 환상을 보여 주셨습니다.

여기서 우리는 두 가지 사실을 점검해야 합니다.

첫째, 환상이 있다는 사실입니다. 어떻게 확신할 수 있습니까? 성경에 나오기 때문입니다. 바울도 보고 베드로도 보았습니다. 그러므로 하나님은 환상이라는 방법을 통해서도 역사하신다는 사실을 인정해야 합니다.

둘째, 환상을 보여 주신 하나님의 의도가 있다는 것입니다. 하나님이 환상을 통해 바울을 유럽으로 보내려 하신 것은 소아시아보다 유럽이 중요했기 때문이 아닙니다. 하나님은 복음이 확장되기를 바라셨던 것입니다. 사도행전 8장을 보면 예루살렘 교회가 핍박을 받아서 많은 사람이 흩어지는 장면이 나옵니다. 하나님이 이렇게 하신 것은 예루살렘이 덜 중요했기 때문이 아닙니다. 사람들이 복음을 들고 나가야 하는데 그렇게 하지 않으니까 하나님은 핍박을 통해 유대와 사마리아로 흩어지게 하신 것입니다.

하나님은 그때 흩어진 사람들을 통해 복음이 유대와 사마리아뿐 아니라 안디옥과 아시아, 소아시아까지 전해지게 하셨습니다. 이제 하나님은 그 복음이 유럽으로도 가기를 원하셨습니다.

이렇게 유럽으로 간 복음은 미국으로, 전 세계로 퍼져 마침내 우리나라에도 전해졌습니다. 그리고 하나님은 중국, 북한, 중앙아시아, 소련, 이슬람권 국가에도 이 복음이 전해지도록 지금도 역사하고 계십니다. 이것이 하나님의 성령의 역사입니다. 우리에게는 이것을 보는 눈이 있어야 합니다. 하나님의 마음이 있어야 합니다. 하나님의 생각이 있어야 합니다.

:: 하나님의 음성을 들었다면 곧바로 순종해야 합니다

우리는 세계를 바라볼 때 하나님의 마음을, 하나님의 안목을 가져야 합니다. 그렇지 않으면 자기만 보고 자기 주변이나 자신이 속해 있는 환경만 보게 됩니다. 그러면 우리는 아버지의 마음도 모르고 돌아온 동생 탕자를 미워했던 첫째 아들처럼 되고 맙니다. 그는 동생이 돌아와서 회개하는 것이 싫었습니다. 아버지가 타락한 동생을 받아들이는 것을 이해하지 못했습니다. 우리는 이 첫째 아들처럼 되기 쉽습니다. 안타깝게도 오늘날의 많은 교회가 첫째 아들의 영성을 가졌습니다. 자기는 이미 구원받았기 때문에 남을 구원하는 데 별로 관심이 없습니다.

바울이 그 환상을 보았을 때 우리가 곧 마게도냐로 떠나기를 힘쓰니 이는 하나님이 저 사람들에게 복음을 전하라고 우리를 부르신 줄로 인정함이러라. 행 16:10

바울은 환상을 본 후에 곧바로 순종했습니다. 환상을 본 후 한참 있다가 또는 은퇴하고 나서 순종한 것이 아니라 바로 떠났습니다. 하나님이 "일 좀 같이 하자"라고 하시면 "네, 은퇴한 다음에요"라고 대답하는 사람이 많습니다. 그러나 순종은 시간과 상관이 있습니다. 그때 순종하지 않고 시간이 지나면 불순종이 되는 경우가 있습니다. 그러므로 하나님이 말씀하시면 곧바로 순종해야 합니다.

아브라함은 "본토, 친척, 아비 집을 떠나라"는 하나님의 말씀을 듣고 갈대아 우르를 떠났습니다. 그것이 믿음입니다. '본토, 친척, 아비 집'이란 무엇을 의미합니까? 익숙한 환경입니다. 기득권입니다. 자기를 보호해 줄 수 있는 것들을 말합니다. 이것을 떠나는 것이 믿음입니다. 여기서부터 믿음의 역사가 시작됩니다.

그러나 사람들은 끊임없이 안정된 직업을 원하고 자기 안전을 추구하면서 거기에 안주한 채 "할렐루야" 하면서 살고 싶어 합니다. 그런데 바울은 그러지 않았습니다. 그는 곧 떠났습니다. 자신의 감정과 의논하지 않았습니다. 자기 신념과도 의논하지 않았습니다. 전혀 생각지 못했던 일임에도 불구하고 바로 순종했습니다.

또한 바울은 "마게도냐로 건너와서 우리를 도우라"고 말하는 환상을 보고 그것을 마게도냐 사람들에게 복음을 전하라는 하나님의 부르심으로 해석했습니다. 지금 세계 도처에서 많은 영혼이 "어서 와서 우리를 도와주십시오. 우리는 당신이 필요합니다. 당신의 돈이나 문화나 지식이 아니라 당신이 가지고 있는 예수가 필요합니다. 와서 우리를 도와주십시오"라고 외치고 있습니다. 지금도 예수님을 믿지 않는 사람들은 이처럼 간절하게 우리를 부르고 있습니다. 그런 영적인 음성을 듣는 귀가 우리에게 있기를 바랍니다.

바울이 성령님을 통해 이 음성을 들음으로써 유럽에 복음의 문이 열렸습니다. 우리 모두 하나님의 인도하심에 민감하기를 바랍니다. 그리고 순종하기를 바랍니다. "와서 우리를 도와 달라"는 영혼들의 애절한 음성을 듣게 되기를 바랍니다.

선교사는 팀워크를 잘하는 사람입니다

중요한 선교 전략 중 하나가 바로 '팀워크'입니다. 바울과 바나바는 선교 초기부터 서로 잘 아는 사이였습니다. 또 바나바의 생질인 요한도 두 사람과 잘 아는 사이였습니다. 새로운 사람을 만나 사귀어 서로 익숙해지는 데 많은 시간이 필요합니다. 부부도 마찬가지입니다. 그런데 이들은 이런 시간을 줄이고 팀워크를 통해 효과적으로 선교를 시작할 수 있었습니다.

⋮⋮ 선교사야말로 '여호와의 종'입니다

여호와의 종은 하나님을 위해 십자가를 지고 피를 흘리며 죽어야만 했습니다. 그러나 아무도 쳐다보지 않았습니다. 하나님께도 버림을 받았다고 느낄 정도로 메시아는 고독하고 외롭게 살았습니다. 모든 것이 헛된 일처럼 보였습니다. 그러나 아무 의미 없이 보였던 그 사건의 결과는 엄청났습니다. 인류의 모든 죄를 구속하고 구원과 회복을 가져오게 된 것입니다.

이사야서를 보면 재미있는 말씀이 있습니다.

그러나 나는 말하기를 내가 헛되이 수고하였으며 무익하게 공연히

내 힘을 다하였다 하였도다 참으로 나에 대한 판단이 여호와께 있고 나의 보응이 나의 하나님께 있느니라.사 49:4

하나님은 이처럼 의의 재판관으로서 그분의 종이 행한 헌신을 평가하시고 승리의 개선가를 부르게 하십니다.

진정한 여호와의 종, 메시아적 의미를 갖고 살았던 사람들은 어떻게 보면 세상 사람이 헛된 짓이라고 말하는 무의미한 일들을 열심히 했습니다. 가끔 선교지로 떠나는 선교사들에게 "얼마든지 다른 사람들처럼 멋지고 행복하게 살 수 있는데, 왜 당신이 꼭 가야 합니까?"라고 질문할 때가 있습니다. 다른 사람들이 보기에 무의미하고 무가치한 일처럼 보이지만, 그들은 그 일을 하려고 합니다. 그들이야말로 여호와의 종입니다. 누군가 그런 헌신을 하고 그런 희생을 했기에 가난한 자들과 병든 자들과 희망 없던 자들이 꿈을 갖게 되었습니다. 그리고 하나님은 이 사람을 다시 세우고 나서 보상해 주십니다.

그러면 메시아는 구체적으로 무슨 일을 하십니까?

이제 여호와께서 말씀하시나니 그는 태에서부터 나를 그의 종으로 지으신 이시요 야곱을 그에게로 돌아오게 하시는 이시니 이스라엘이 그에게로 모이는도다 그러므로 내가 여호와 보시기에 영화롭게 되었으며 나의 하나님은 나의 힘이 되셨도다.사 49:5

첫째, 이스라엘을 모읍니다. 모태에서부터 부르신 그분은 상처받고 흩어져서 꿈을 잃어버린 사람들을 불러 모아 다시 희망과 용기를 주고 구원의 메시지를 전하기 원하십니다. 이것이 메시아가 하는 일입니다. 나는 교회가 이런 일을 해야 한다고 생각합니다. 우리 국민의 마음이 상하고 희망을 잃어버리고 서로 미워하고 고발하는 현 상황에서 교회와 그리스도인이 해야 할 일은 흩어진 사람을 모으고 회복시키는 것입니다. 우리가 이런 역할을 할 수 있기를 진심으로 바랍니다. 전쟁과 분열의 한복판으로 뛰어 들어가서 사람들의 마음을 모으는 역할을 할 수 있길 바랍니다. 하나님은 그런 능력을 우리에게 주셨습니다.

예수님이 누군가 비판하고 고발하고 소리 지르는 것을 보셨습니까? 예수님은 어머니 같은 분입니다. 또한 타락한 자녀를 가슴에 품는 아버지의 마음을 가진 분입니다. 누구든지 예수님께 오면 위로를 받습니다. 이것이 교회입니다. 이것이 메시아입니다. 메시아는 심판하는 사람이 아니라 회복시키는 사람입니다.

여호와의 종은 자신이 어디에서 부름을 받았는지 압니다. 그리고 하나님이 자신을 보호하신다는 사실도 압니다. 이 확신은 매우 중요합니다. 확신이 크면 클수록 어떤 고통과 고난도 문제가 되지 않기 때문입니다.

:: 교회의 인정을 받고 떠나야 합니다

메시아가 하신 두 번째 일이 6절에 나타나 있습니다.

그가 이르시되 네가 나의 종이 되어 야곱의 지파들을 일으키며 이
스라엘 중에 보전된 자를 돌아오게 할 것은 매우 쉬운 일이라 내가
또 너를 이방의 빛으로 삼아 나의 구원을 베풀어서 땅 끝까지 이르
게 하리라. 사 49:6

이 말씀을 보면 이스라엘을 모으는 일은 작은 일이라고 하십니
다. 하나님의 큰 그림에 비하면 그것은 일부에 불과하다는 말입니
다. 하나님의 꿈은 이스라엘의 회복만이 아닙니다. 하나님의 꿈은
이스라엘을 넘어서는 것입니다. 팔레스타인을 넘어 온 인류가 구원
받는 것입니다. 지중해 연안에 있는 크고 작은 섬뿐 아니라 모든 나
라가 구원받는 것입니다.

이 메시아적 꿈을 갖고 있는 사람은 언제나 우주적인 생각을 합니
다. 우리나라가 소중하긴 하지만 그 안에 머물러 있어서는 안 됩니
다. 민족이 소중하지만 그 민족 안에 머물러 있어서는 안 됩니다. 우
리 민족이 열방을 회복시키지 못한다면 우리가 받은 은혜에 무슨 의
미가 있겠습니까? 하나님은 야곱을 회복시키는 데 그치지 않고 모
든 열방과 나라와 민족을 구원하겠다고 말씀하십니다. '너'를 그 도
구로 삼으시겠다는 것입니다. 참으로 놀라운 메시지입니다.

또한 하나님은 "내가 또 너를 이방의 빛으로 삼아 나의 구원을 베풀어서 땅 끝까지 이르게 하리라"고 하십니다. 100년 전 우리나라에 선교사가 들어왔습니다. 그들이 우리나라와 무슨 상관이 있었습니까? 그들에게는 우리나라에 친척과 가족이 있는 것도 아니고 어떤 이해관계도 없었습니다. 그러나 선교사들은 100년 전 우리나라에 왔고, 이 땅에 묻혔습니다. 그들은 이방의 빛이 되었습니다.

어느 선교사는 부인이 선교지에 적응하지 못해 정신이 이상해졌다고 고백하기도 했습니다. 실로 안타까운 일입니다. 그런 일이 왜 없겠습니까? 선교지에 가면 좋은 일만 있는 것이 아닙니다. 우울증에도 걸리고 심지어 자녀가 죽기도 합니다. 그러나 선교사들은 이런 희생과 대가를 치르면서도 그 나라를 떠나지 못하는 것입니다.

지금 우리 선교사들이 이슬람 지역에서 쫓겨나고 있습니다. 그런데도 선교사들은 틈만 나면 다시 들어가려고 합니다. 며칠 전 베트남에서 온 선교사를 만났는데, 그는 그곳에서 반정부 요인이라고 경찰서에 끌려가 계속 조사를 받았다고 합니다. 그래도 그 나라에 또 들어가겠다고 말합니다. 이렇듯 메시아 의식이 있는 사람들은 잡아가도, 때려도, 막아서도 갑니다. 이것을 누가 시켰겠습니까? 이방인의 빛이 된다는 비전이 이들의 마음에 잉태되었기 때문입니다. 당신에게도 이 놀라운 하나님의 비전이 잉태되기를 축원합니다.

두 사람이 성령의 보내심을 받아 실루기아에 내려가 거기서 배 타고 구브로에 가서 살라미에 이르러 하나님의 말씀을 유대인의 여러

회당에서 전할새 요한을 수행원으로 두었더라. 행 13:4-5

이 말씀에서 재미있는 사실을 하나 발견합니다. 바울과 바나바가 주님의 명령에 따라 인정을 받고 출발했다는 것입니다. 여기서 중요한 것은 인정을 받았다는 사실입니다. 만약 어떤 사람이 선교사로 떠나려 한다면 교회의 모든 지체로부터 "저 사람은 선교사로 가도 된다"라고 인정을 받아야 합니다. 그런데 가끔 보면 자기 혼자 선교사로 가겠다며 교회에서는 지원만 해 달라고 하는 사람이 있습니다. 그러면 안 됩니다. 그 사람이 선교사로 갈 정도라면 "그 사람은 선교사로 가도 좋겠다", "그게 성령님의 인도와 생각인 것 같다"라는 공통된 인정을 받아야 합니다.

::팀워크를 훈련하고 떠나야 합니다

교회에서 인정받은 바울과 바나바는 가장 먼저 가깝고 익숙한 장소와 사람들에게 갔습니다. 그들은 배를 타고 키프로스로 갔습니다. 그곳은 바나바의 고향입니다. 성경을 보면 "구브로에서 난 레위족 사람이 있으니 이름은 요셉이라 사도들이 일컬어 바나바라(번역하면 위로의 아들이라) 하니"(행 4:36)라고 기록하고 있습니다. 바나바에게 키프로스는 매우 익숙한 곳이었습니다.

두 번째로 키프로스에 있는 살라미(Salamis)라는 항구로 갔습니다. 그들은 살라미에 도착해 유대인의 회당을 찾았습니다. 바울과 바나바에게 유대인의 회당은 굉장히 익숙한 장소였습니다.

세 번째로 바울과 바나바는 한 사람을 데리고 갔습니다. 그 사람은 원래 마가라 하는 요한이었습니다. 이 마가는 골로새서 4장 10절을 보면 바나바의 생질, 곧 친척이었습니다. 친척 관계이니 얼마나 익숙한 사이겠습니까? 이 사람은 세례를 줄 때 옆에서 도와주고 개종자가 있으면 데려다가 성경도 가르치면서 바울과 바나바를 도왔습니다.

우리는 여기서 굉장히 중요한 선교 전략을 발견합니다. 바로 '팀워크'입니다. 바울과 바나바는 선교 초기부터 서로 잘 아는 사이였습니다. 또 바나바의 생질인 요한도 두 사람과 잘 아는 사이였습니다. 그래서 그들 사이에는 인간관계에 대한 갈등이 없었습니다. 새로운 사람을 만나 사귀어 서로 익숙해지는 데 많은 시간이 필요합니다. 부부도 마찬가지입니다. 그런데 이들은 이런 시간을 줄이고 팀워크를 통해 효과적으로 선교를 시작할 수 있었습니다. 온누리 교회가 2천 명을 선교사로 보내고 1만 명을 전문 사역자로 내보내는 비전을 이루고자 한다면 이 원리를 적용할 필요가 있습니다.

또 한 가지가 있습니다. 선교는 독불장군식으로, 가본 적도 없는 낯선 곳에서 하는 것이 아닙니다. 대부분의 선교사가 여기서 실수를 저지릅니다. 언어가 안 되고 지역에 대한 정보도 없고 문화가 다릅니다. 그런데도 "믿습니다"라고 말하면서 대책 없이 가서 실수를 연발합니다. 한국식으로 무조건 밀어붙이는 것입니다.

일본에 간 한국 선교사들이 실패한 원인 중 대부분은 한국식으로 밀어붙였기 때문입니다. 일본 사람들은 자기들 나름대로의 고유한 방법론이 있고 문화가 있어서 절대 밀어붙여선 안 됩니다. 그렇게 하면 대부분 부정적인 평가를 받게 됩니다.

선교사로 가려는 사람들에게 부탁하고 싶은 것이 있습니다. 첫째, 바울과 바나바처럼 교회를 잘 섬겨야 합니다. 선교사로 가기 위해 교회를 이용하면 안 됩니다. '이 교회가 선교사를 파송해 주니까 빨리 등록해서 1년 정도 다닌 다음에 선교사로 나가야겠다'라고 생각하는 사람은 대부분 실패합니다. 왜냐하면 이런 사람에게는 교제권이 형성되지 않았기 때문입니다. 교회에 나와서는 한 명의 교인이 되어 교회를 섬겨야 합니다. 그렇게 해서 사랑이 생겨나야 합니다. 교제권을 만들어야 합니다. 그래야 이 사람이 선교사로 나간 후에도 교회가 지속적으로 그를 위해 애정과 사랑과 기도를 공급해 줄 수 있습니다. 바울과 바나바를 보낸 안디옥 교회는 그들을 위해 얼마나 많은 기도를 했는지 모릅니다. 바울과 바나바가 교회와 서로 주고받은 것이 있었기 때문에, 안디옥 교회를 위해 헌신과 희생을 했기 때문에 교인들은 그것을 잊지 않았던 것입니다. 그러므로 선교사로 나가기 전에 반드시 교회를 섬기며 충분한 교제를 나누어야 합니다. 그것이 사랑의 열매로 맺어질 것입니다.

둘째, 선교사로 가기 전에 먼저 국내 선교를 해야 합니다. 무조건 해외로 나가면 많은 시행착오를 겪게 됩니다. 먼저 제주도 같은 곳에 가서 6개월 정도 함께 살아야 합니다. 선교사로 갈 사람들끼리 함께 살면서 나쁜 성격을 고쳐야 합니다. 못된 습관을 전부 버리고, 이

기적이고 독단적인 생각을 고쳐야 합니다. 선교지에 가서 그런 일이 터지면 큰 타격을 받기 때문입니다.

앞에서 언급한 방법론에 따라 먼저 선교사로 갈 사람들 중에 친한 사람끼리 세 명이든 네 명이든 국내 지역에서 공동체로 함께 살아봐야 합니다. 해외로 나가서 사역할 때는 반드시 익숙한 사람들과 함께 가는 게 좋습니다. 영화에서 보면 화약 전문가, 살인 전문가라고 해서 각 형무소에서 데려온 사람들이 한 팀이 되는 경우가 있습니다.

그러나 선교는 그렇게 되지 않습니다. 그렇게 여러 사람을 모아 무조건 팀을 만드는 것이 아닙니다. 가장 중요한 것은 무슨 일을 하느냐 하는 것보다 그 공동체가 얼마나 사랑으로 하나가 되어 있느냐 하는 것입니다.

고난을 두려워하지 마십시오, 사랑이 넉넉히 이깁니다

조롱을 당하고 모함을 받고 어리석고 아무것도 아닌 것 같아도 그리스도를 바라보며 그분의 사랑을 신뢰하는 사람은 모든 것이 합력하여 선을 이룰 뿐만 아니라 우리를 사랑하시는 분으로 인해 넉넉히 이깁니다.

사랑은 끊을 수 없습니다

로마서 8장 35절을 보면 '그리스도의 사랑'이라는 단어가 나옵니다. 그리고 39절에는 '하나님의 사랑'이라는 단어가 나옵니다. 그리스도의 사랑은 무엇입니까? 한마디로 말하면 '십자가의 사랑'입니다. 십자가의 사랑은 희생하는 사랑이요, 헌신하는 사랑입니다. 죄인에게 베푸는 긍휼과 은혜의 사랑입니다. 예수님은 이런 사랑을 우리에게 주셨습니다. 예수 그리스도는 먼저 우리를 십자가에서 조건없이 사랑하셨습니다. 긍휼과 은혜로, 헌신과 희생으로 우리를 사랑하셨습니다. 그리하여 이 사랑을 받은 사람들은 견딜 수가 없습니다. 이 사랑을 받은 사람들은 가만히 있을 수가 없습니다.

사탄은 예수님이 우리를 사랑하지 못하도록 계속해서 방해했습니다. 예수님을 이 세상에 태어나시지 못하게 하려고 했습니다. 모든 여관에 방이 없게 했습니다. 그럼에도 예수님이 태어나시자 헤롯 왕을 이용해 예수님을 죽이려고 했습니다. 사탄은 예수님이 구속사역을 하지 못하도록 베드로를 이용해 십자가를 지지 못하시도록 유혹하기도 했습니다. 또한 가룟 유다를 이용해 예수님을 공격하기도 했습니다. 사탄은 마침내 사망 권세를 가지고 예수님을 십자가에 못박아 죽였습니다. 그러나 그것은 마귀의 실수였습니다. 그는 자신도 모르는 사이에 구원사역을 도와주는 역할을 하고 말았던 것입니다. 예수님이 부활하신 것입니다. 사탄은 예수님의 사랑을 막을 수가 없습니다. 사탄은 하나님의 사랑을 막을 수가 없습니다. 그 사랑을 받은 우리가 예수님을 사랑한다면 누가 감히 이 관계를 끊을 수 있겠습니까?

사탄은 예수님을 공격할 수 없기에 우리의 영혼을 공격합니다. 하나님을 사랑하지 못하도록, 예수 그리스도를 사랑하지 못하도록, 하나님과의 관계로 나아가지 못하도록 연약한 우리를 공격합니다. 사도 바울은 우리에게 사탄이 공격할 가능성에 대해 일곱 가지를 지적합니다(롬 8:35). 환난, 곤고, 박해, 기근, 적신, 위험, 칼입니다. 이런 것을 무기로 삼은 사탄은 우리를 끊임없이 괴롭히고 조롱하고 방해해서 하나님과의 관계를 끊어 버리려고 합니다. 이에 대해 좀 자세히 살펴보겠습니다.

첫째, 환난입니다. 예수님은 우리에게 이런 말씀을 하셨습니다.

이것을 너희에게 이르는 것은 너희로 내 안에서 평안을 누리게 하려 함이라 세상에서는 너희가 환난을 당하나 담대하라 내가 세상을 이기었노라. 요 16:33

그리고 로마서를 보면 다음과 같은 말씀이 있습니다.

악을 행하는 각 사람의 영에는 환난과 곤고가 있으리니 먼저는 유대인에게요 그리고 헬라인에게며. 롬 2:9

환난은 영적 고통입니다. 외부로부터 오는 압력입니다. 재난과 시련 같은 것입니다. 의인과 악인에게 햇빛을 공평하게 주시듯이, 누구나 시련과 환난을 당합니다. 예수를 잘 믿는 사람에게는 환난이 없고, 예수를 믿지 않는 사람에게는 환난이 있다고 말할 수 없습니다. 예수를 잘 믿거나 믿지 않거나 우리는 폭풍과 비바람과 천둥을 만나는 어려움을 겪습니다. 이 환난과 시련은 우리의 잘못으로 올 수도 있고, 우리의 의지와 상관없이 올 수도 있습니다.

환난이 오면 무슨 생각을 합니까? 대부분 "내가 도대체 무슨 죄를 지었기에 하나님은 이런 환난을 주시는 겁니까?"라며 원망하기가 쉽습니다. "하나님은 사랑이신데 왜 이런 환난을 주십니까? 왜 하나님은 우리에게 고난과 환난을 허락하십니까? 하나님께 능력이 없는 것이 아닙니까?" 하는 의심을 하기도 합니다. 그러나 "하나님을 사랑하는 자 곧 그 뜻대로 부르심을 입은 자들에게는 모든 것이

합력하여 선을 이룬다. 현재의 고난은 장차 우리에게 나타날 영광과
비교할 수 없다. 하나님이 우리를 위하시는데 누가 우리를 대적하겠
는가"라고 고백하는 믿음을 가진 사람은 환난을 극복합니다. 오히
려 환난이 믿음을 더욱 굳건하게 만들어 줍니다.

∷ 고난도 이깁니다

둘째, 곤고입니다. 곤고는 좁은 장소라는 뜻으로 여유가 없다는
말입니다. 곤고할 때는 자신이 아주 좁은 공간에 들어가 있는 듯한
느낌을 받게 됩니다. 마치 새장에 갇혀 있는 것처럼 불안합니다. 그
리고 외롭고 고독합니다. 곤고할 때 우리는 하나님을 잃어버리고 실
망하고 좌절하고 포기하고 싶고 자살하고 싶은 충동을 느낍니다. 곤
고할 때 우리의 마음과 믿음은 약해지기가 쉽습니다. 그러나 하나님
을 향한 뜨거운 사랑과 열정을 가진 사람은 어떤 작은 방에 갇혀 있
을지라도 하나님과의 관계를 끊을 수 없습니다. 하나님을 의심하지
않습니다.

셋째, 박해입니다. 이것은 환난이나 시련과는 좀 다릅니다. 이것
은 노골적으로 어떤 사람이 나를 미워하고 거부하며 방해하고 공격
하는 것을 의미합니다. 사도 바울은 박해를 받았습니다. 그는 복음
을 전한다는 이유로 수없이 돌에 맞고 쫓겨 다니고 어느 때는 기절
까지 할 정도로 어려움을 겪었습니다. 스데반도 마찬가지입니다. 그
가 성령 충만하여 복음을 전하자 사람들은 성 밖으로 끌고 가 돌로

때리기도 했습니다. 이것이 박해입니다.

사람들은 예수님을 십자가에 못 박았습니다. 유대인과 로마인과 바리새인, 서기관 등이 합작하여 예수 그리스도를 무참히 십자가에 못 박은 것입니다. 초대교회의 성도들은 신앙을 지키기 위해 당시의 권력자로부터 박해를 당했습니다. 십자가에서 사형을 당하기도 했고 사자에게 찢김을 당하기도 했습니다. 박해가 올 때 일반적으로 믿음이 약해지기가 쉽습니다. 하나님을 의심하기가 쉽습니다. 믿음을 포기하고 싶다는 생각이 듭니다. 그러나 믿음의 선진들은 이런 박해 속에서도 신앙을 잘 지켜 냈습니다. 어떤 박해도 그들과 하나님의 관계를 끊을 수 없었습니다.

넷째, 기근입니다. 이렇게 환난과 박해를 당할 때 사람들은 직업을 잃거나 집에서 쫓겨나기도 합니다. 어디 가서 제대로 밥을 먹을 수도 없습니다. 이것을 가리켜 기근이라고 합니다.

특별히 사도 바울은 수없이 배고프고 목마른 경험을 했습니다. 먹을 것이 없을 때 인간은 얼마나 고독해집니까? 아브라함은 갈대아 우르를 떠나 하나님이 지시하신 땅으로 갔습니다. 그런데 그곳에 기근이 있었습니다. 아브라함은 이 기근을 피하기 위해 하나님이 원하시지 않는 이집트로 갔습니다. 그러나 이집트에서 그가 당한 것은 망신이었습니다. 아내를 빼앗길 뻔했습니다. 이처럼 기근은 우리의 믿음을 흔들어 놓습니다. 육체적인 고통이 따르기 때문입니다. 기근이 오면 사람들의 마음이 흔들립니다.

:: 두려움이 없습니다

다섯째는 무엇입니까? 적신(赤身)입니다. 적신은 입지 못하고 자지 못하고 헐벗는 것을 의미합니다. 인간은 적신으로 와서 적신으로 돌아갑니다. 사도 바울은 자신의 먹지 못함과 자지 못함과 헐벗음에 대해 이렇게 말합니다.

> 또 수고하며 애쓰고 여러 번 자지 못하고 주리며 목마르고 여러 번 굶고 춥고 헐벗었노라. 고후 11:27

사도 바울은 괜찮게 사는 것처럼 보였지만 사실은 달랐습니다. 사랑하는 가족과 함께 좋은 시간도 갖지 못한 채 수고하고 애쓰고 자지 못하고 주리고 목마르고 춥고 헐벗었습니다. 이것이 복음 전도자의 모습입니다. 그는 주님을 사랑했기에 기득권을 다 버리고 자진해서 이렇게 기가 막힌 삶을 선택했습니다. 당신은 어떻습니까? 예수님 때문에 배고픈 적이 있습니까? 자신의 잘못이 아닌, 예수님 때문에 억울한 일을 당해 본 적이 얼마나 있습니까?

감비아의 이재환 선교사를 항상 기억하고 있습니다. 그는 감비아가 세상에서 가장 살기 좋은 나라라고 말합니다. 사람들도 선량하고 착하다고 말합니다. 그러나 실제는 그렇지 않습니다. 감비아 사람들이 그의 양말과 옷을 다 훔쳐 갔고, 그는 늘 해충과 병균에 시달렸습니다. 그런데도 그는 늘 감비아에 머물러 있기를 원합니다. 한국에 있다가도 불편하다면서 감비아로 가기를 원합니다. 이렇듯 환난이나 곤고, 박해, 기근, 적신은 복음을 전하는 사람을 괴롭히지 못합니다. 오히려 그런 것들이 영적인 도전이 되고 축복이 되고 기쁨이 됩니다.

여섯째, 위험입니다. 정직하게 진리대로 살려는 사람들은 언제나 위험에 직면해 있습니다. 반면에 적당히 타협하면서 살려는 사람은 심각한 위험을 겪지 않을 수도 있습니다. 위험은 생존의 위기요, 죽음의 협박입니다. 질병이 우리를 위협하기도 합니다. 우리는 원수로부터 살해 위협을 받고 모함도 받습니다. 히브리서는 믿음의 사람들에 대해 이렇게 설명합니다.

> 또 어떤 이들은 조롱과 채찍질뿐 아니라 결박과 옥에 갇히는 시련도 받았으며 돌로 치는 것과 톱으로 켜는 것과 시험과 칼로 죽임을 당하고 양과 염소의 가죽을 입고 유리하여 궁핍과 환난과 학대를 받았으니. 히 11:36-37

믿음을 가졌던 우리 조상들은 다 이렇게 살았습니다. 위대한 사람들은 다 이렇게 살았습니다. 이것이 정상입니다. 오히려 예수님 때문에 고난받지 않은 것이 부끄럽고 비정상적입니다. 세상에서 환난을 받지 않은 사람들이 천국에 가면 무엇을 받게 될까요? 세상에서 모든 것을 다 누리고, 다 성취하고, 다 가진 사람이 천국에 가서 무엇을 받겠습니까?

일곱 번째는 칼입니다. 칼은 죽음과 전쟁을 상징합니다. 인간은 죽음 앞에 하염없이 나약한 존재입니다. 죽이겠다고 하면 조국도 배신하고 가족도 배신하고 사랑하는 사람도 배신하는 것이 인간입니다. 칼은 어떤 의미에서 우리에게 순결을 요구합니다. 인간은 칼 앞에서 한없이 약한 존재요 흔들리기 쉬운 존재이지만, 그리스도 안에 있는 사람과 성령 안에 있는 사람은 칼도 두렵지 않습니다. 위험도 두렵지 않고, 헐벗고 굶주리는 것도 두렵지 않습니다. 우리를 괴롭히는 그 모든 환난과 외롭고 고독하게 만드는 곤고함과 물리적으로 핍박하는 것과 자지 못하고 먹지 못하고 헐벗게 하는 모든 요소와 위험 속에 빠뜨리고 죽게 하는 칼의 위험이 있을지라도 우리를 그리스도의 사랑에서 끊을 수 없습니다.

⁞ 끝이 없습니다

우리는 성경을 통해 놀라운 메시지를 들었습니다.

그러므로 이제 그리스도 예수 안에 있는 자에게는 결코 정죄함이 없나니. **롬 8:1**

우리는 더는 육의 소욕을 따라 살지 않으며, 예수 그리스도와 함께 영광의 부활에 참여하게 될 것입니다. 그리고 하나님은 우리를 하나님의 아들로 인쳐 주시고 성령님을 주셨습니다. 우리는 양자의 영을 통해 상속자로서의 특권을 받게 되었습니다. 어떤 형태의 고난도 장차 우리에게 나타날 영광과 비교할 수 없습니다. 모든 성도가 받는 손해와 억울함은 축복으로 변할 것입니다. 또한 성령님은 우리가 연약할 때 도와주십니다. 기도할 수 없을 때 성령님은 우리를 위해 기도해 주십니다. 그리고 한 가지가 더 있습니다. 하나님을 사랑하는 사람들, 곧 그분의 뜻에 따라 부르심을 받은 사람들에게는 모든 것이 합력해 선을 이룹니다. 할렐루야! 이것이 바로 성령 안에 있는 하나님의 사랑을 입은 자들의 축복입니다.

하나님은 우리를 향한 위대한 꿈과 목표를 갖고 계십니다. 그것은 우리를 아들의 형상으로 만드시는 것입니다. 그것을 위해 우리를 택하시고 부르시고 우리를 의롭다 하시고 영화롭게 하셨습니다. 생각해 보면 이 얼마나 놀라운 축복입니까! 그래서 사도 바울은 이렇게 소리 질렀습니다.

누가 우리를 그리스도의 사랑에서 끊으리요 환난이나 곤고나 박해나 기근이나 적신이나 위험이나 칼이랴 롬 8:35

이것이 사실이라면 우리는 이 세상의 어떤 것도 두려워할 필요가 없습니다. 우리에게는 부족함이 없습니다. 우리에게는 불가능이란 없습니다. 능력 주시는 자 안에서 무엇이든 할 수 있습니다.

기록된 바 우리가 종일 주를 위하여 죽임을 당하게 되며 도살 당할

양 같이 여김을 받았나이다 함과 같으니라.롬 8:36

이 말씀은 구약의 시편 44편 22절을 인용한 구절로, 예수 그리스
도의 모습을 보여 줍니다. 도살당할 양같이 끌려가시는 하나님의 어
린 양이라고 했습니다. 그는 본래 하나님이셨지만 사람의 모양으로
나타나셔서 죽임을 당하는 양같이 되었습니다.

예수 그리스도의 구원을 받은 자들, 성령으로 말미암아 거듭난
자들, 이 세상의 어떤 것도 그리스도의 사랑에서 끊을 수 없다고 믿
는 자들, 이들이 바로 예수 그리스도의 모습을 가진 사람입니다. 그
는 종일 주를 위하여 죽임을 당하는 삶을 삽니다. 그는 도살당할 양
같은 모습으로 삽니다.

또 무리에게 이르시되 아무든지 나를 따라오려거든 자기를 부인하
고 날마다 제 십자가를 지고 나를 따를 것이니라.눅 9:23

이것이 그리스도인의 삶입니다. 우리는 날마다 죽습니다. 그리스
도인의 삶은 도살장으로 끌려가는 양과 같습니다. 이사야서는 이런
모습을 설명하고 있습니다.

그는 주 앞에서 자라나기를 연한 순 같고 마른 땅에서 나온 뿌리 같
아서 고운 모양도 없고 풍채도 없은즉 우리가 보기에 흠모할 만한
아름다운 것이 없도다 그는 멸시를 받아 사람들에게 버림 받았으며

간고를 많이 겪었으며 질고를 아는 자라 마치 사람들이 그에게서 얼굴을 가리는 것 같이 멸시를 당하였고 우리도 그를 귀히 여기지 아니하였도다. 사 53:2-3

이분이 바로 예수님입니다. 예수님은 십자가를 지면서 원망이나 불평조차 하지 않으셨습니다. 묵묵히 고난을 당하셨습니다. 이것이 그리스도인의 모습입니다. 그리스도인은 세상에서 영웅이나 혁명가로 존재하지 않습니다. 그런 모습 속에는 예수님의 모습이 없습니다. 예수님의 모습은 도살장에 끌려가는 어린 양과 같은 모습입니다.

손해를 보지 않으면 다른 사람이 이익을 볼 수 없습니다. 내가 손해를 봐야 누군가가 이익을 봅니다. 내가 이익을 추구하면 누군가는 손해를 보게 되어 있습니다. 그리스도인은 손해를 보는 사람입니다. 그리스도인은 당하는 사람입니다. 이런 사람이 어떻게 성공하겠습니까? 세상 사람은 바보라고 손가락질하며 조롱할 것입니다. 건드려도 괜찮다고 생각할 것입니다.

∷ 최후의 승리는 사랑입니다

그러면 어떻게 이런 사람이 세상에 존재할 수 있을까요? 다음 말씀에 그 해답이 있습니다.

그러나 이 모든 일에 우리를 사랑하시는 이로 말미암아 우리가 넉넉히 이기느니라. **롬 8:37**

오른뺨을 치면 왼뺨을 돌려 대고, 5리를 가자고 하면 10리를 가고, 겉옷을 달라고 하면 속옷까지 내어 주는 이런 바보 같은 사람이 하나님의 사람입니다. 이런 사람은 우리를 사랑하시는 이로 말미암아 넉넉히 이깁니다. 세상에서 돈 있고, 힘 있고, 요령이 있고, 똑똑한 사람이 승리할 것 같아도 절대 그렇지 않습니다. 나중에 그 사람들은 다 패하게 됩니다. 그러나 조롱을 당하고 모함을 받고 어리석고 아무것도 아닌 것 같아도 그리스도를 바라보며 그분의 사랑을 신뢰하는 사람은 모든 것이 합력하여 선을 이룰 뿐만 아니라 우리를 사랑하시는 분으로 인해 넉넉히 이깁니다.

성경에는 아주 신비스럽고 재미있는 말씀이 있습니다.

그러나 하나님께서 세상의 미련한 것들을 택하사 지혜 있는 자들을 부끄럽게 하려 하시고 세상의 약한 것들을 택하사 강한 것들을 부끄럽게 하려 하시며 하나님께서 세상의 천한 것들과 멸시 받는 것들과 없는 것들을 택하사 있는 것들을 폐하려 하시나니. **고전 1:27-28**

이런 사람만이 승리합니다. 세상에서는 바보 같고 당하는 사람 같지만, 하나님을 신뢰하고 의지하며 끝까지 가는 사람들에게 그분은 승리의 면류관을 주시고 개선가를 부르게 하십니다. 그들은 하나님으로부터 넉넉히 이기는 축복을 받습니다. 이것이 바로 사도 바울이 믿음의 정상에 올라가서 외쳤던 메시지입니다.

고난을 두려워해서는 안 됩니다. 환난과 역경과 모든 핍박을 두려워해서도 안 됩니다. 배고픔과 헐벗음을, 위험과 칼을 두려워해서도 안 됩니다. 우리가 믿음으로 계속 나아가기만 한다면 약한 것 같은데도 강하고, 죽는 것 같은데도 살고, 없는 것 같지만 있고, 불가능한 것 같지만 가능한 하나님의 역사를 경험하게 될 것입니다.

순교하는 믿음은
부활을 믿는 믿음입니다

믿음에는 순교의 정신이 담겨 있습니다. 모든 것이 패배한 것처럼 보이지만, 죽음 뒤에 사랑과 용서의 기적을 낳고 궁극적으로 부활의 승리를 안게 하는 믿음이 있습니다. 패배가 승리요, 순교가 부활임을 보여 주는 믿음이 바로 순교자의 믿음이요, 이것은 믿음에서 절정이라고 말할 수 있습니다.

∷ 부활 신앙을 가져야 합니다

믿음에는 동전의 양면처럼 두 가지 모습이 있습니다. 첫째는 정복자의 모습이요, 둘째는 순교자의 모습입니다. 믿음의 단계도 크게 둘로 나눌 수 있습니다. 첫 번째는 승리의 깃발을 날리고 개선가를 부르는 단계입니다. 믿음은 기적을 낳고, 불가능을 가능케 하고, 없는 것을 있게 합니다. 많은 성도가 예수 그리스도로 말미암아 영생을 얻을 뿐 아니라 이 놀라운 믿음의 기적을 체험하게 됩니다. 그러나 이것이 전부는 아닙니다. 두 번째 단계는 첫 단계와는 정반대의 모습입니다. 모든 것을 얻는 것이 아니라 모든 것을 빼앗기고 잃어버리고, 어떤 의미에서는 패배하고 죽음으로 종말을 장식하게 됩니다.

이처럼 믿음에는 순교의 정신이 담겨 있습니다. 모든 것이 패배한 것처럼 보이지만, 죽음 뒤에 사랑과 용서의 기적을 낳고 궁극적으로 부활의 승리를 안게 하는 믿음이 있습니다. 패배가 승리요, 순교가 부활임을 보여 주는 믿음이 바로 순교자의 믿음이요, 이것은 믿음에서 절정이라고 말할 수 있습니다.

예수 그리스도는 이런 믿음의 모범을 보여 주셨습니다. 예수님은 서른세 살에 십자가에서 최후를 맞이하셨습니다. 세상 사람들의 눈에 예수님은 패배자처럼 보였습니다. 그분은 하나님이시지만 하나님이기를 포기하시고 인간의 모습으로, 종의 모습으로, 사람의 모습으로 이 땅에 오셔서 죽기까지 섬기셨습니다. 예수님의 믿음을 세상적인 가치관으로 보면 패배자의 모습이요, 빼앗긴 자의 모습입니다. 어떤 사람은 예수님을 향해 "만약 당신이 하나님의 아들이라면 십자가에서 내려올 수 있지 않느냐"라고 하면서 조롱했습니다. 그러나 예수님은 내려올 수 없어서, 마귀를 꺾을 수 없어서가 아니라 십자가를 져야 했기에 패배자의 모습으로 생애를 마치셨습니다. 예수님은 패배자처럼 보이지만 승리자이십니다. 예수님의 십자가는 절망처럼 보이지만 참 소망이요, 부활입니다.

성경 말씀을 통해 순교자의 믿음이 어떤 것인지 한번 살펴보겠습니다.

첫째, 순교자의 믿음은 부활을 믿는 믿음입니다.

여자들은 자기의 죽은 자들을 부활로 받아들이기도 하며 또 어떤

이들은 더 좋은 부활을 얻고자 하여 심한 고문을 받되 구차히 풀려
나기를 원하지 아니하였으며. 히 11:35

순교를 마다하지 않고 그 어떤 고통과 환난도 견딜 수 있는 믿음의
근거는 부활에 있습니다. 예수님은 "나는 부활이요 생명이니 나를
믿는 자는 죽어도 살겠고 무릇 살아서 나를 믿는 자는 영원히 죽지 아
니하리니 이것을 네가 믿느냐"(요 11:25-26)라고 말씀하셨습니다.

아브라함은 25년 동안 믿음 훈련을 받았습니다. 그 믿음 훈련의
클라이맥스는 100세에 얻은 아들 이삭을 하나님이 내어 놓으라고
하실 때였습니다. 이것이 아브라함의 믿음 훈련에서 마지막 단계였
습니다. 이것은 자기 생명을 바치는 것보다 더 어려운 일이었습니
다. 만약 당신이라면 어떻게 하겠습니까? "자식이 죽기를 원하느
냐, 네가 죽기를 원하느냐?" 이런 선택 앞에서 자식한테 죽으라고
말하겠습니까, 내가 죽겠다고 말하겠습니까? 부모라면 자신이 죽겠
다고 말할 것입니다. 자식 대신에 죽겠다고 말할 수 있는 것이 부모
의 마음입니다.

이렇듯 자기가 죽는 것보다 더 어려운 것이 자식을 내어 놓는 것
입니다. 하나님은 이 마지막 훈련을 아브라함에게 시키십니다. 그때
아브라함은 이삭을 어떻게 내어 놓을 수 있었습니까? 성경 말씀을
보면 아브라함은 죽은 자를 다시 살리실 하나님을 믿었기 때문에 아
들을 드릴 수 있었다고 합니다(히 11:19). 즉 그에게 부활 신앙이 있었
기 때문에 기꺼이 이삭을 바칠 수 있었습니다.

진리는 반드시 드러나며 정의는 반드시 승리한다는 확신, 죽어도 산다는 확신은 우리를 기꺼이 순교하게 만듭니다. 교회는 순교적 신앙을 가질 때만 진정한 교회입니다. 성도는 순교적 신앙을 가지기 전까지는 진짜 성도가 아닙니다. 단지 자기 병이 낫기 위한 신앙, 자기 사업이 잘되기 위한 신앙은 진짜 신앙이 아닙니다.

순교의 믿음은 죽음을 두려워하지 않고 현실에 집착하지 않는 단계까지 가는 것입니다. 열왕기상 17장 22-24절을 보면 엘리야가 시돈 사람 사르밧 과부의 죽은 아들을 살려 줍니다. 또 열왕기하 4장 35-37절을 보면 수넴 여인의 죽은 아들이 엘리사에 의해 죽었다가 살아납니다. 이들 여인은 성경이 말한 대로 자신의 죽은 사람을 부활로 되돌려 받았습니다. 죽어도 다시 산다는 확신만 가진다면 우리는 언제나 기쁜 마음으로 죽을 수 있습니다. 이것이 순교자들이 지닌 믿음의 근거입니다.

∷ 고난을 이기는 믿음을 가져야 합니다

둘째, 순교자의 믿음은 고난을 이겨 내는 믿음입니다. 더 좋은 부활을 믿었던 순교자들은 어떤 고난을 당했습니까? 먼저 악형입니다. 악형은 사람의 사지를 형틀에 묶은 후 찢어 죽이는 형벌을 말합니다. 순교적 믿음을 가진 사람들은 이처럼 무서운 악형 앞에서도 굴하지 않았습니다. 배교의 대가로 악형을 면할 수도 있었지만, 예수님을 배신하거나 부인하지 않았습니다. 지독한 고문을 받을 것인가, 아니면 그리스도에 대한 신앙을 부인할 것인가? 그들은 신앙과 죽음 앞에서 결단해야만 했습니다.

156년경 기독교사에 길이 남을 순교자 한 사람이 있습니다. 그는 폴리캅(Polycarp)입니다. 이교도들과 로마 총독이 그를 붙들어 원형 경기장에 데려다 높고 "네가 예수 그리스도를 부인하고 저주하면 살려 주고 좋은 지위를 주겠다"라고 약속했습니다. 그러나 유명한 믿음의 노장 폴리캅은 이렇게 말했습니다.

"나는 86년 동안 우리 인간을 구원하신 나의 왕을 섬겨 왔소. 그리고 그분은 단 한 번도 나를 배신하지 않으셨소. 그런데 내가 어떻게 그분을 배신하고 저주하겠소."

로마 총독과 대중이 분노해서 불에 태워 죽이려고 할 때 폴리캅은 이렇게 말합니다.

"나를 산 채로 불에 태우시오. 나는 불 속에서 어떤 미동도 하지 않을 것이오."

그는 진짜로 불 속에서 그대로 죽었습니다. 믿음은 어떤 악형이 주어져도 구차하게 자기 생명을 부지하기 위해 주님을 배신하지 않습니다. 믿는 사람은 더 좋은 부활, 새 하늘과 새 땅, 영원한 천국이 있다는 사실을 믿기에 세상의 악형과도 싸워 이길 수 있습니다.

그다음으로 순교자가 받은 고난은 조롱입니다. 예수 그리스도를 잘 믿는 사람들, 하나님의 뜻대로 순교하면서 살려는 사람들에게 맨 처음 오는 고난은 조롱과 희롱입니다.

또 어떤 이들은 조롱과 채찍질뿐 아니라 결박과 옥에 갇히는 시련
도 받았으며. 히 11:36

그리스도를 믿는다는 이유로 간혹 조롱당할 때가 있습니다. 이것
은 순교자들의 고난 가운데 가장 가볍고 기초적인 고난입니다. 조롱
과 모욕과 수치를 당하는 것은 하나님의 종들이 받아야 했던 고난의
목록 중 하나입니다.

성경을 보면 사람들이 하나님의 말씀을 전하는 예레미야를 멸시
하고 조롱하고 욕하는 모습을 볼 수 있습니다(대하 36:16). 조롱을 당
한 예레미야는 이렇게 기도합니다.

여호와여 주께서 나를 권유하시므로 내가 그 권유를 받았사오며 주
께서 나보다 강하사 이기셨으므로 내가 조롱 거리가 되니 사람마다
종일토록 나를 조롱하나이다 내가 말할 때마다 외치며 파멸과 멸망
을 선포하므로 여호와의 말씀으로 말미암아 내가 종일토록 치욕과
모욕 거리가 됨이니이다. 렘 20:7-8

예수님을 믿고 나서 조롱당한 적이 있습니까? 모욕과 치욕을 당
해 본 적이 있습니까? 예수님을 믿는다고 주먹질을 당하고 뺨을 맞
아 본 적이 있습니까? 예수님을 진짜로 믿으면 조롱과 모욕을 당하
게 됩니다. 특히 이 조롱과 모욕은 먼 데 있는 사람이 아니라 가까운
데 있는 사람한테서 받는 경우가 많습니다.

예수님은 어떤 일을 당하셨습니까? 사람들은 그분에게 침을 뱉고 홍포를 씌우고 "네가 유대인의 왕이냐?"라고 하며 조롱했습니다. 시시한 사람들한테서 하나님의 아들이 조롱받고 모욕을 당했습니다. 예수님을 믿는 우리도 때때로 조롱과 모욕을 당합니다. 그러나 영광스러운 주님을 생각하면 이런 조롱과 희롱이 전혀 문제되지 않는 것이 바로 그리스도인의 믿음입니다.

순교자들이 받은 고난 가운데 세 번째는 채찍질입니다. 그 당시의 채찍은 가죽에 쇠붙이가 붙어 있어 맞으면 살갗이 찢어졌습니다. 사람을 극도의 공포로 몰아넣는 고문의 한 형태였습니다. 예수님은 십자가를 지기 전에 이 채찍으로 맞으셨습니다. 오늘날 우리는 육체적인 채찍을 당하지는 않지만, 영적인 채찍을 당할 수 있습니다. 예수님을 잘 믿어 보려고 할 때 보이지 않는 수많은 채찍이 우리의 등짝 위에 내리쳐지는 것을 느끼게 됩니다. 이런 채찍질을 잘 견뎌 내면 믿음은 더욱 깊은 경지로 들어가게 됩니다.

이 땅에서 다른 이유로 고문당하고 어려움을 겪는 사람이 많지만, 놀랍게도 예수의 이름으로 고문당하는 사람은 별로 없습니다. 이것이 오히려 교회의 위기입니다. 예수를 믿기 때문에, 예수의 진리 때문에 고문당하는 일이 있어야만 교회가 살아 움직입니다.

요즘 교회는 너무 편해졌습니다. 교회가 권력과 돈을 갖기 시작했습니다. 타락할 수밖에 없는 조짐이 보이기 시작한 것입니다. 교회는 고난을 당해야 합니다. 정치적 이유 때문이 아니라 예수님 때문에 고난을 당해야 합니다. 이것이 교회의 본질입니다.

순교자들이 당한 고난 가운데 또 하나는 결박입니다. 노끈이나 쇠줄, 수갑, 족쇄로 묶어 도망치지 못하도록 하는 것이 결박입니다. 양화진에 절두산이라는 곳이 있는데, 그곳에 가면 우리나라 천주교 신자들이 순교했던 모습과 흔적을 볼 수 있습니다. 족쇄, 방망이, 사지를 뒤트는 고문대 등이 있습니다. 예수님을 믿는 사람들을 결박했던 일은 역사적 사실입니다. 아랍 국가들에 가 보면 지금도 이런 얘기를 종종 듣게 됩니다. 세상은 순교자들을 육체적으로는 결박했지만, 그들의 영혼을 결박할 수는 없었습니다.

성경을 보면 그리스도인을 결박하고 옥에 가두었다고 했습니다. 이런 투옥은 강도나 살인자들에게 형벌을 주기 위한 것이었는데, 초대교회 성도들이 그런 취급을 받고 투옥되었습니다.

그다음으로 돌로 치는 고문이 나옵니다. 복음을 전하다가 돌에 맞아 죽은 성도가 많습니다. 나봇은 이세벨의 화를 받아 돌에 맞아 죽었습니다. 사가랴 선지자도 돌로 쳐 죽임을 당했습니다. 스데반도 돌에 맞아 죽었습니다. 성경을 보면 돌로 치는 것(때리고 목에 씌우는 나무 고랑으로 채워 두는 것)은 극악한 범죄자들에게 가해지도록 만든 하나님의 법이었습니다(렘 20:2). 그런데 사탄은 이것을 역이용해서 하나님의 사람들을 돌로 쳐 죽였던 것입니다.

순교자들이 받는 고문 중에는 톱으로 켜는 고문도 있었습니다. 전승에 따르면 이사야 선지자가 므낫세 왕에 의해 톱으로 켜 죽임을 당했다고 합니다. 성경에는 기록이 없지만 수많은 사람이 예수님을 믿는다는 이유 때문에 톱으로 켜서 죽임을 당했던 역사가 있습니다.

이런 것들이 순교자가 겪어야 했던 시험이었습니다. 이런 상황을 예수님처럼, 앞서 간 순교자들처럼 묵묵히 감당해 낼 때 믿음의 기적을 보게 될 것입니다.

:: 순교자를 따라야 합니다

요즘 기독교는 종교적 사치품으로 전락하고 말았습니다. 교회는 하나님을 경배하기보다는 자신의 기분을 좋게 하고 좋은 말을 듣기 위해 찾아오는 곳이 되어 버렸습니다. 교회에 나오는 교인들의 모습이 영화나 연극을 보러 극장에 가는 사람과 크게 다를 것이 없습니다. 영화나 연극을 보는 일은 아무 책임이 없습니다. 그냥 가서 돈을 주고서 보고 즐기면 됩니다. 그러나 교회는 다릅니다. 책임져야 할 일도 많고 감당해야 할 것도 많습니다. 그런데 많은 성도가 교회에 대해 아무 책임도 지려고 하지 않습니다. 일을 맡겨도 하지 않으려하고, 조용히 예배만 드리고 갑니다. 책임 져야 할 일을 하기 싫다는 것입니다. 벌을 받게 될 것 같아서 교회에 나와 잠깐 예배드리고 가는 정도의 신앙을 가지고 어떻게 세상을 이길 수 있겠습니까? 그런 믿음과 성경에 나오는 믿음은 전혀 다릅니다.

우리는 성경이 요구하는 수준을 타협해서는 안 됩니다. 첫째, 육체적 · 정신적 고문이 증가되는 상황 속에서 신앙을 '포기'하도록 유혹하는 시험을 이겨 내야 합니다. 둘째, 무서운 고문 앞에서 '타협'의 유혹을 물리쳐야 합니다. "네가 배신만 하면, 하나님을 부인만 하면 내가 많은 보상을 해 주겠다." 이것은 사탄의 회유입니다. 이런 회유에 타협하거나 포기해서는 절대 안 됩니다.

성경은 믿음의 사람들이 칼에 죽임당하는 일이 비일비재했다고 말합니다. 예수님의 열두 사도 가운데 칼에 맞아 죽은 사람이 많습니다. 사도 요한을 빼놓고 모든 제자가 순교했다는 기록이 나와 있는데, 이런 순교에 대해 성경은 이렇게 말합니다.

> 돌로 치는 것과 톱으로 켜는 것과 시험과 칼로 죽임을 당하고 양과 염소의 가죽을 입고 유리하여 궁핍과 환난과 학대를 받았으니 (이런 사람은 세상이 감당하지 못하느니라) 그들이 광야와 산과 동굴과 토굴에 유리하였느니라. 히 11:37-38

이들은 예수 그리스도를 믿는 대가로 이런 구차한 삶을 살았습니다. 세상은 이런 믿음의 사람들을 감당치 못했습니다. 죽기로 결정한 사람은 두려울 것이 없습니다. 세상에서 가장 무서운 사람은 죽기로 작정한 사람입니다. 세상은 이런 믿음의 사람들을 감당치 못합니다. 이런 믿음을 가졌다면 가족을 구원하는 것이나 한국을 변화시키는 것은 문제가 아닙니다. 이런 믿음이 없다는 사실이 문제입니다.

우리가 구원받은 것은 예수님의 죽음 때문입니다. 기독교의 탄생은 열두 사도의 순교가 있었기에 가능했습니다. 오늘날 한국 교회의 부흥은 초기 한국 교회 목사들과 성도들의 신사 참배 거부와 '죽으면 죽으리라'는 일사각오(一死覺悟)의 믿음 때문에 가능했습니다. 그들이 피를 흘렸기 때문에 그 피의 대가로 오늘 우리에게 축복이 있는 것입니다.

성경은 눈물을 흘리며 씨를 뿌린 자만이 기쁨으로 단을 거둘 수 있다고 했습니다. 안일과 나태에 빠지는 것은 아주 위험한 일입니다. 반드시 우상 숭배로 가게 되고, 우상 숭배를 하는 사람들은 불평과 원망에 빠지게 됩니다.

개인적으로 우리나라 교회의 가장 큰 위기가 안일과 나태라고 생각합니다. 내 눈물과 고통과 아픔과 순교적 태도 없이 만들어진 것은 남는 것이 하나도 없습니다. 내 눈물이 있어야 하고 내 고난이 있어야 하고 내 찢어지는 아픔이 있어야 합니다. 그것을 통해 이루어진 것만 남게 됩니다. 그리고 그것은 기적을 일으킵니다.

우리 주위에는 가난한 사람과 병든 사람이 많습니다. 농촌, 어촌 등 여러 곳에 우리가 해야 할 일이 쌓여 있습니다. 하나님은 우리가 받은 혜택만큼 더 큰 노력과 헌신을 해야만 현재 누리고 있는 혜택과 축복을 감당하게 하십니다. 귀한 순교자들이 가진 믿음의 피가 여러분의 영혼에 흐르기를 바랍니다. 우리는 하나님 앞에 고난과 감사와 순교를 통한 영광을 돌려야 합니다. 그리고 참 순교자의 믿음에까지 갈 수 있기를 바랍니다.

선교사는 순교하러
가는 사람입니다

복음을 전한다는 것은 신나고 훌륭하고 감격스러운 일입니다.
그러나 동시에 대가를 치러야 하는 일입니다. 세상을 위해 대가
를 치르는 것은 억울한 일이겠지만, 하나님을 위해 대가를 치르
는 것은 고통 중에서도 영광이 됩니다.

:: 기도하면 하나님의 교회가 세워집니다

사도 바울이 유럽의 관문인 빌립보에 선교하러 갔을 때 가장 먼저
기도부터 했다는 사실은 우리에게 중요한 가르침을 줍니다. 당시 바
울 일행은 누구를 만나야 할지, 무슨 일을 해야 할지 몰랐습니다. 그
러다가 안식일이 되어 기도하기 위해 회당을 찾았습니다. 그러나 그
곳에는 회당이 없었습니다. 당시 유대인들은 어디를 가든지 열 명
정도만 모여도 회당을 만들었는데, 그곳에는 그 정도의 유대인도 없
었던 것 같습니다.

안식일에 우리가 기도할 곳이 있을까 하여 문 밖 강가에 나가 거기

앉아서 모인 여자들에게 말하는데 두아디라 시에 있는 자색 옷감 장사로서 하나님을 섬기는 루디아라 하는 한 여자가 말을 듣고 있을 때 주께서 그 마음을 열어 바울의 말을 따르게 하신지라 그와 그 집이 다 세례를 받고 우리에게 청하여 이르되 만일 나를 주 믿는 자로 알거든 내 집에 들어와 유하라 하고 강권하여 머물게 하니라.

행 16:13-15

사도 바울이 먼저 기도할 곳을 찾았다는 것은 참으로 귀한 일입니다. 선교는 기도를 통해 이루어지는 것이기 때문입니다. 바울 일행은 기도할 곳이 있는지 찾아다니다가 성문 밖에 있는 강가까지 가게 되었습니다. 그들은 거기 모여 있는 여자들에게 말을 붙였습니다. 그리고 복음을 전했습니다. 그 많은 여자 중에서 특히 루디아라는 옷감 장사가 마음을 열어 바울의 말에 귀를 기울였습니다. 하나님은 이 여자의 마음 문을 열어 주시고 그녀에게 들을 귀를 주셨습니다.

복음을 들은 루디아는 기쁨으로 충만해졌습니다. 그녀는 바울에게 간곡한 마음으로 "저를 예수 그리스도를 믿는 자라고 생각한다면 저희 집에 머무십시오. 그리고 말씀을 가르쳐 주십시오"라고 말했습니다. 이렇게 해서 세워진 것이 빌립보 교회입니다. 바로 여기에 교회를 개척하는 방법이 있습니다. 교회는 기도하다가 자연스럽게 생기는 것입니다. 교회는 돈으로 땅을 사고 집을 짓는 방법으로 세워지는 것이 아닙니다. 하나님의 교회는 선교하다가, 기도하다가도 세워집니다.

에베소서를 보면 바울이 사랑하는 성도들에게 중보기도를 부탁하는 장면이 나옵니다. 그 기도의 제목이 무엇입니까?

또 나를 위하여 구할 것은 내게 말씀을 주사 나로 입을 열어 복음의 비밀을 담대히 알게 하옵소서 할 것이니. 엡 6:19

바울이 에베소서를 쓸 당시는 오늘날과 상황이 많이 달랐습니다. 생명을 걸지 않으면 복음을 전할 수 없었으므로 특별히 이런 부탁을 했던 것입니다. 우리에게도 바울의 이런 각오와 결단이 절대적으로 필요합니다. 교회는 혼자 잘 믿고 잘살기 위해 존재하지 않습니다. 교회가 전도하는 일을 게을리 해서는 안 됩니다.

∷ 예수 이름에 생명을 걸어야 합니다

바울이 부탁한 기도는 복음의 비밀을 담대히 알릴 수 있게 해 달라는 것이었습니다. 이것이 어찌 사도 바울만의 기도이겠습니까! 예수님의 지상 명령을 가슴에 품고 사는 모든 그리스도인의 유일한 관심은 복음을 전하는 것입니다. 예수님을 잘 믿는 이웃도 많지만, 이 세상에는 예수 그리스도를 모르고 살아가는 사람이 얼마나 많은지 모릅니다. 우리는 그들에게 끊임없이 관심을 가져야 하고, 담대하게 복음을 전해야 합니다.

이것은 영적 전쟁입니다. 오늘날 겉으로 보이는 상황이 그때와

다르게 좀 나아 보인다고 해도 근본적으로 영적 전쟁이라는 상황은 똑같습니다. 따라서 마귀에게 패배하지 않도록 영적 지도자와 교회를 위해 끊임없이 기도해야 합니다. 기도하는 곳에 성령이 임합니다. 그래야 우리와 교회가 승리할 수 있습니다. 우리는 사탄이 왕 노릇 하는 이 세상에서 주의 복음이 능력 있게 증거되도록 기도해야 합니다. 악한 세상에서 살아갈 수 있는 우리의 유일한 힘은 영적 능력, 하늘의 능력을 받는 것입니다. 우리는 이렇게 기도해야 합니다.

"주님, 우리에게 담대함을 주옵소서. 복음을 부끄러워하지 말게 하옵시고 우리를 유혹하는 모든 세력을 끊어 버리고 주님을 믿고 나아가게 하옵소서. 그리고 영적 능력을 우리에게 주셔서 이 능력을 가지고 세상에 나가서 우리의 가정을 구원하게 하시고, 평화의 사도가 되게 하시고, 교회를 변화시키게 하여 주옵소서. 내 병과 모든 문제를 이 영적 능력으로 해결하게 하옵소서."

우리는 여기서 다음과 같은 질문을 해 볼 수 있습니다. 조금 배운 사람들, 특히 자유주의 신학을 공부한 사람들은 "선교는 일종의 종교 침략이요, 문화 침략이 아닙니까? 역사를 살펴보면 선교를 빙자해서 정치적으로 약소국가를 식민지화했던 선례가 있지 않았습니까?"라고 말합니다. 또 어떤 인류학자들은 "모든 민족이 그들의 고유한 방식대로 살고 그 나라의 전통을 따르는 것은 나쁜 일이 아닙니다. 그런데 왜 그리스도인은 자꾸 가서 그들의 전통을 버리라고 합니까?"라고 말합니다.

이런 말들은 그럴듯하게 생각됩니다. 그러나 복음을 전하는 것은 그런 차원이 아닙니다. 우리가 다른 민족에게 가서 복음을 전하는 이유는 그들 고유의 전통, 사회, 문화, 정치 문제를 건드리기 위한 것이 아닙니다. 우리가 복음을 전하는 이유는 다음 성경구절의 말씀처럼 누구든지 예수 그리스도가 아니고서는 구원받을 이름이 없기 때문입니다.

> 다른 이로써는 구원을 받을 수 없나니 천하 사람 중에 구원을 받을 만한 다른 이름을 우리에게 주신 일이 없음이라 하였더라. **행 4:12**

이 말씀이 진리므로 우리가 가는 것입니다. 만약 예수님을 믿지 않아도 선을 행해서 구원받을 수 있다면, 무엇하러 생명을 걸고 모든 것을 포기한 채 전도하러 가겠습니까? 우리가 말하는 전도는 정복을 뜻하는 것이 아닙니다. 십자군의 최대 실수가 여기에 있습니다. 우리는 다른 민족이나 종교를 정복하러 가는 것이 아닙니다. 단지 예수 그리스도의 이름을 전하기 위해 가는 것입니다. 그리스도인은 정복하러 가는 사람이 아니라 오히려 순교하러 가는 사람입니다.

∷ 복음의 대가를 치러야 합니다

이런 질문을 하기도 합니다. "우리나라도 전도하기 바쁜데, 왜 외국 다른 민족에게까지 가서 그 고생을 해야 합니까? 왜 돈도 많이 들고 죽음까지 무릅쓰면서 그 먼 곳까지 가야 합니까?" 일리 있는 질문입니다. 그러나 사도 바울의 말을 들어 보면 그렇지가 않습니다. 사도 바울은 자신에 대해 이렇게 설명했습니다.

> 나의 형제 곧 골육의 친척을 위하여 내 자신이 저주를 받아 그리스도에게서 끊어질지라도 원하는 바로라.**롬 9:3**

이 말씀을 보면 사도 바울이 얼마나 자기 민족을 구원하고 싶어했는지 알 수 있습니다. 그러나 바울은 하나님이 그의 생애에 대한 다른 계획이 있다는 사실을 알았습니다. 즉 하나님이 그의 민족을 구원하는 일은 다른 사람에게 맡기시고, 바울 자신은 이방인을 위해 택하셨다는 사실을 알게 된 것입니다. 그래서 사도 바울은 이방인을 향해 갔습니다. 돌에 맞고, 죽을 뻔하고, 수없이 매를 맞고, 굶주리고, 때로는 사형 선고를 받는 위기와 고난을 겪으면서도 다른 문화권, 다른 민족에게 가서 복음을 전했습니다.

하나님은 국내 전도를 위해서는 베드로와 예루살렘 교회를 택하셨습니다. 예루살렘을 다 전도하고 이스라엘 백성을 다 전도하고 난 다음에 이방인에게 보내신 것이 아니라 국내 전도와 동시에 바울을 택하셔서 이방인의 사도로 세우셨습니다. 또한 이를 위해 안디옥 교회를 택하셨습니다.

국내 선교를 마친 후에 해외 선교를 나간 것이 아니라 국내 선교와 동시에 해외 선교도 한 것입니다. 만약 국내 선교를 다 마치고 해외 선교를 시작했다면, 우리나라는 아직도 복음을 듣지 못했을 것입니다.

국내 선교와 해외 선교를 동시에 하게 하신 것은 하나님 사랑의 또 다른 표현입니다. 모든 것을 희생하고 외국에 나가 사는 것이 좋겠습니까? 아무리 돈이 많아도 외국 생활은 외롭고 힘이 듭니다. 더구나 자기 고향과 가정과 친구들을 떠나 해외에 나가 선교사로서 산다는 것은 결코 신나는 일이 아닙니다. 때로는 더러움과 배고픔을 견뎌야 하고, 나그네처럼 살아야 하고, 외로움과 고달픔을 이겨 내야 하는데, 누가 하고 싶어 하겠습니까? 그러나 우리는 왜 그렇게 해야 합니까? 바로 하나님의 명령이기 때문입니다.

이런 맥락에서 오늘날의 교회들 중에도 예루살렘 교회와 안디옥 교회처럼 부름받은 교회가 있다고 생각합니다. 많은 교회가 다 국내 선교만을 위해 세워졌겠습니까? 그 많은 교회 중에 몇 곳이 해외 선교를 위해 헌신하는 것이 무슨 잘못이겠습니까?

> 바울을 인도하는 사람들이 그를 데리고 아덴까지 이르러 그에게서 실라와 디모데를 자기에게로 속히 오게 하라는 명령을 받고 떠나니라. 행 17:15

바울은 상황이 너무 급박해서 다른 동료들은 베뢰아에 남겨 두고 일단 혼자 배를 타고 아테네로 피신한 다음에 자기 동료들을 데려오게 했습니다. 상황이 얼마나 급박했는지를 알 수 있습니다. 그렇습니다. 이것이 바로 2차 전도여행이었습니다. 이렇게 해서 복음이 전

세계로 퍼지게 되었고, 성령의 역사가 나타나게 된 것입니다.

　복음을 전한다는 것은 신나고 훌륭하고 감격스러운 일입니다. 그러나 동시에 대가를 치러야 하는 일입니다. 세상을 위해 대가를 치르는 것은 억울한 일이겠지만, 하나님을 위해 대가를 치르는 것은 고통 중에서도 영광이 됩니다.

예수님을 위해
죽을 수 있어야 합니다

남녀가 서로 사랑한다고 하면서도 서로에게 희생하지 않는다면
그것은 사랑이 아닙니다. 사랑하는 사람을 위해서는 뭔가 희생
해야 합니다. 그것이 정말 상대방을 사랑하는 증거입니다. '예
수님 때문에'와 '예수님을 위하여'가 사도 바울에게는 인생의
전부였습니다. 예수님을 위해 죽는 것도 유익하다는 말입니다.

∷ 핵심은 예수님입니다

우리는 바울의 전도에서 몇 가지 교훈을 얻을 수 있습니다. 이 교
훈은 앞으로 우리가 전도하는 데도 굉장히 중요한 지침이 되어 줄
것입니다.

사도행전 17장에 나오는 바울의 설교를 보면 그가 청중을 잘 파
악했다는 생각이 듭니다. 바울은 어디에서 설교를 하고 있습니까?
회당입니다. 누구에게 설교를 하고 있습니까? 회당 지도자와 유대
교를 믿는 사람들입니다. 회당 지도자와 유대교를 믿는 유대인들은
율법에 정통하고 구약을 아주 잘 아는 사람들입니다. 그래서 사도
바울은 구약의 메시지를 통해 그들에게 접근한 것입니다.

17장을 보면 사도 바울은 아테네로 갑니다. 그리고 아레오바고 (Areopagus)에서 설교를 합니다. 헬라 철학이 있고 헬라 문화가 있는 곳입니다. 그곳에는 유대인이 많이 거주하고 있지 않았습니다. 그래서 사도 바울은 이곳에서 전도할 때 구약의 아브라함 같은 이야기를 하지 않습니다. 대신 "아덴 사람들아"라고 외치며 다른 방법으로 접근하는 모습을 볼 수 있는데, 칭찬을 많이 해 줍니다. 그들의 문화에 딱 맞게 접근한 것입니다.

> 아덴 사람들아 너희를 보니 범사에 종교심이 많도다 내가 두루 다니며 너희가 위하는 것들을 보다가 알지 못하는 신에게라고 새긴 단도 보았으니 그런즉 너희가 알지 못하고 위하는 그것을 내가 너희에게 알게 하리라. 행 17:22-23

바로 이것입니다. "너희가 알지 못하고 위하는 그것을 내가 너희에게 알게 하리라." 사도 바울은 이렇게 전도를 시작합니다. 당신도 지혜롭게 전도하기를 바랍니다. 열정만 가지고 전도하면 시험에 들기 딱 알맞습니다. 사람에 따라서, 전도 대상에 따라서 바울의 메시지가 달랐다는 것을 명심해야 합니다. 그러나 중요한 것이 있습니다. 사도 바울은 대상에 따라 전도하는 방법, 표현하는 방법, 접근하는 방법이 달랐지만, 전도 메시지의 핵심은 똑같았습니다. 핵심은 바로 예수 그리스도입니다.

사도 바울의 관심은 오직 예수였습니다. 그의 소원은 예수였습니다. 그는 "내가 너희 중에서 예수 그리스도와 그가 십자가에 못 박히신 것 외에는 아무것도 알지 아니하기로 작정하였음이라"(고전 2:2)고 말했습니다. "예수 외에 나는 모든 걸 포기했다"라고 말한 것입니다. 당신도 그렇게 되기를 바랍니다. 사람들에게 전도할 때는 이런 다양한 방법이 필요합니다. 그러나 아무리 다른 삶을 사는 사람들이라고 할지라도, 흑인이나 백인이나 동양인이나 무식한 사람이나 유식한 사람이나 그 어떤 종류의 사람이라 할지라도, 우리가 그들에게 전하고 싶은 것은 예수 그리스도 한 분뿐입니다.

우리가 공부하는 것도, 결혼하는 것도, 자녀를 양육하는 것도, 직장에서 진급하고 성공하는 것도, 사업하는 것도 다 예수님 때문이어야 합니다. 우리는 예수님 때문에 살아 있는 것입니다. 예수님 때문이라면 죽음도 유익합니다(빌 1:21). 그러므로 우리는 예수님을 위해 죽을 수도 있어야 합니다. "주님, 당신을 위해서라면 무엇이든 기꺼이 하겠습니다. 직업도 바꾸겠습니다. 사는 장소도 바꾸겠습니다. 서울을 떠날 수도 있습니다. 좋아하는 모든 것을 포기할 수 있습니다." 이런 고백을 할 수 있기를 진심으로 바랍니다.

예수님 때문이라면 죽음도 유익하다고 고백한 사도 바울은 예수님에 미친 사람이었습니다. 그는 자신의 체면도 중요하게 생각하지 않았습니다. 그러나 대부분의 사람은 나를 위해, 내 자식을 위해, 내 성공을 위해, 내 사업을 위해 예수님이 필요합니다. 가끔 보면 교회에서 봉사하는 사람들 중에 오해를 받거나 체면에 손상을 입으면 펄쩍 뛰는 사람이 있습니다. 자기 체면이 깎이는 게 뭐가 그리 중요합니까? 그리스도인이라면 오히려 체면이 좀 깎여야 합니다. 창피를 좀 당해야 합니다. 또한 누가 당신을 오해해야 합니다. 예수님을 위해 한 번도 자기 체면을 깎이지 않은 사람이라면 얼마나 부끄럽겠습니까? 항상 천사처럼 대접해 주고 칭찬만 받아야 합니까? 그렇지 않습니다. 예수님을 위해서라면 손해도 봐야 합니다. 예수님을 위해서라면 희생도 해야 합니다. 예수님을 위해 잠 못 자는 일도 있어야 합니다. 도적의 위험을 겪을 수도 있고, 매를 맞을 수도 있습니다. 이것이 사도 바울의 생애였습니다.

⋮ 생명을 걸어야 합니다

우리의 삶은 어떻습니까? 교회에 나오면서, 예수를 믿는다고 하면서 정말 예수님을 위해 손해 본 적이 있습니까? 시간을 손해 본 적이 있습니까? 자존심이 상해 본 적이 있습니까? 그런 경험이 있는 사람이 예수님을 사랑하는 사람입니다. 남녀가 서로 사랑한다고 하면서도 서로에게 희생하지 않는다면 그것은 사랑이 아닙니다. 사랑하는 사람을 위해서는 뭔가 희생해야 합니다. 그것이 정말 상대방을 사랑하는 증거입니다. 사도 바울에게는 '예수님 때문에'와 '예수님을 위하여'가 인생의 전부였습니다. 예수를 위해 죽는 것도 유익하다는 말입니다.

최근에 한 집사님이 교통사고를 당했다는 소식을 듣고 물었습니다. "그 사고가 사람이 살 수 있는 사고였습니까?" 그랬더니 "살 수 없는 사고였습니다. 그런데 다행히 살아났지요"라고 대답했습니다. 그 대답을 듣고 "집사님은 이미 그때 죽은 거나 마찬가지군요"라고 말했습니다. 그러자 집사님도 그렇다고 했습니다. 내가 운전을 잘못해서만 교통사고가 나는 것이 아닙니다. 남이 부딪히는 데야 어떻게 하겠습니까?

우리 교회 청년 한 사람이 교통사고를 당해 척추의 신경이 다 끊어져 하반신이 마비되었습니다. 그 자리에 우리가 있지 말라는 법이 어디 있습니까? 그 형제를 보면서 '아, 나도 그처럼 사고를 당할 수도 있겠구나'라고 생각했습니다. 그리고 '우리가 다 죽었다고 생각하면 어떨까'라는 생각을 했습니다. 모두가 교통사고를 당했다고 생각해 보면 간단할 것 같습니다. 우리는 어차피 오래 살 수 있다는 보장을 받은 사람들이 아닙니다. 이미 죽었다고 생각하면 간단합니다.

예수님은 "누구든지 나를 따라오려거든 자기를 부인하고 자기 십자가를 지고 나를 따를 것이니라"고 말씀합니다(막 8:34). 왜 우리가 예수님을 믿으면서도 목마르고 갈등이 많은 줄 압니까? 자기 포기를 하지 않아서 그렇습니다. 예수님도 믿지만 자기 자신도 중요하기에 항상 그것이 문제가 됩니다. 여기에 우리의 갈등이 있습니다. 당신도 사도 바울처럼 그렇게 죽을 수 있다고 생각합니까? '이제 나는 덤으로 사는 거다. 지금부터의 내 삶은 공짜다. 나는 이미 그때 죽었다.' 우리가 그렇게 결정하고 살 수만 있다면 세상을 변화시킬 수 있습니다.

요즘 이런 생각을 합니다. 왜 온누리교회는 2천 명의 선교사, 1만 명의 사역자 이야기를 하는 걸까요? 상상할 수 없는 일이지만 하나님이 무슨 생각을 가지고 계셨던 것 같습니다.

예수님은 서른세 살에 죽음을 통해 인류를 구원하셨습니다. 만약 우리 교회 하나가 희생해서 한국 교회가 살 수 있다면, 우리가 한번 희생해서 통일을 이룰 수 있다면 희생할 만하지 않습니까? 우리의 인생을 한번 포기해 볼 만하지 않습니까? 우리가 희생함으로써 우리 죽음으로 민족이 살 수 있다면, 한번 해 볼 만한 가치가 있지 않습니까? 주님은 우리에게 그런 도전을 주셨습니다. 자신을 위해 살아 봤자 죽을 때 남는 것은 후회뿐입니다. 내가 뭘 위해 살았나 싶은 생각이 들 것입니다. 예수님을 위해 당신의 인생이 결정되기를 바랍니다.

막을 수 없는
하나님의 축복, 교회

교회는 첫사랑을 지켜야 합니다. 순수했던 본래의 모습을 계속 가져야 합니다. 고난받는 것이
결코 나쁜 것은 아닙니다. 고난이 있을 때는 다 긴장하고, 모든 사람이 하나가 됩니다. 그러나
모든 것이 풍요해지고, 사는 것이 넉넉해지면 불필요한 것이 우리를 지배하게 됩니다. 부디 주
님이 오실 때까지 이 첫사랑을 잃지 않는 교회가 되기를 바랍니다.

사도행전적 교회로
부르셨습니다

사도행전을 자세히 살펴보면 예수님의 제자로 부름받은 수많은
그리스도인 가운데 성령과 지혜가 충만한 사람들을 뽑아서 초
대교회의 지도자로 세웠음을 알 수 있습니다. 여기에 사도행전
의 특징이 있습니다. 목회는 목사 혼자서 하는 것이 아니라 성
도들과 함께해야 한다는 것입니다. 이것이 사도행전적 교회의
모습입니다.

::부르심에는 목적이 있습니다

초대교회의 리더십을 잘 살펴보면 굉장히 재미있는 몇 가지 사실
을 발견하게 됩니다. 초대교회는 열두 사도와 안수받은 일곱 집사
또는 장로를 통해 세워졌습니다. 가룟 유다 대신 맛디아가 들어오긴
했지만 베드로를 포함한 열두 사도는 하나님이 예비하신 사람들, 요
즘 말로 하면 목회자에 해당하는 그룹일 것입니다.

그러나 또 하나의 리더십이 있었습니다. 열두 사도 외에도 '사
도'라 칭함을 받는 특별한 사람이 한 명 더 있는데, 그가 바로 사도
행전을 거의 지배한 바울입니다. 바울은 열두 제자에 속하지 않지
만, 우리는 그를 가리켜 '사도'라고 부릅니다. 그는 선교사로 떠난

사람입니다. 사도들 중에는 목회하는 사람도 있고, 선교사로 떠나는 사람도 있습니다. 그래서 교회 안에 목회적 리더십이 있고, 선교적 리더십이 있는 것입니다.

목회하는 사람은 열둘이고 선교사는 한 사람이었지만, 이 선교사가 선교의 문을 열면서 예루살렘 교회가 세계적인 교회로 변해 갔습니다. 온누리교회가 이제는 선교사를 지원해 주는 데 그치지 않고 목회를 하다가 혹은 평신도 사역자로 섬기다가 선교사로 나가는 통로 역할을 하게 되길 바랍니다.

재미있는 것은 베드로가 국내 선교를 담당했다면, 바울은 해외 선교를 담당했다는 점입니다. 사도 바울을 가리켜 예수님은 "이방인을 위하여 택한 나의 그릇"이라고 말씀했습니다. 그러면 베드로를 중심으로 한 열두 사도와 사도 바울 이야기가 전부입니까? 그렇지 않습니다. 사도행전을 자세히 살펴보면 예수님의 제자로 부름받은 수많은 그리스도인 가운데 성령과 지혜가 충만한 사람들을 뽑아서 초대교회의 지도자로 세웠음을 알 수 있습니다. 여기에 사도행전의 특징이 있습니다. 목회는 목사 혼자서 하는 것이 아니라 성도들과 함께해야 한다는 것입니다. 이것이 사도행전적 교회의 모습입니다.

교회를 창립할 때부터 가진 꿈과 이상이 있습니다. 그것은 진정한 신약의 교회, 예수님이 세워 주신 교회, 사도행전적인 교회를 만들자는 것이었습니다. '그렇지 않다면 이 많은 교회를 두고 또 하나의 교회를 만들 필요가 있을까?' '왜 하나님은 여기에 교회를 만들어 주시고 특별한 사람들을 불러 세워 주시는 것일까?'를 진지하게 고민했습니다. 지상에 있는 불완전한 교회이지만, 주님께서 오늘날 다시 한 번 온누리교회를 사도행전적 교회로 세워 주실 줄로 믿습니다.

교회를 처음 시작할 때 무슨 기도를 한 줄 압니까? "주여, 사람을 초청하지 않도록 해 주십시오. 하나님께서 보내 주는 사람들이 이 교회에 나오도록 해 주십시오. 그 사람들이 선교에 미친 사람이 되도록 해 주시고, 하나님께 미치도록 해 주십시오"라는 기도를 했습니다.

처음에는 교회에 등록하면 새 신자 공부를 9개월 동안 시켰습니다. 그러다가 너무 부담스럽다는 반응이 있어 두 달로 기간을 줄였고 요즘은 7주로 줄였습니다. 그러다 보니 고민이 많습니다. 다시 기간을 늘려야 할 것 같습니다. "온누리교회는 성도들이 훈련받는 교회가 되게 하자. 적은 수라도 이런 사람들이 모여 주님께 예배드리는 교회가 되게 하자." 이것이 처음에 품은 꿈이요, 희망이었기 때문입니다.

베드로를 중심으로 한 사도들은 말씀과 기도 사역에 전념했고, 사도 바울과 같은 리더는 선교에 전념했고, 스데반과 빌립 같은 평신도 집사 또는 장로들은 구제와 재정 같은 교회의 모든 행정과 일반 사역을 위해 헌신했습니다.

⠐ 훈련받은 제자가 되어야 합니다

사도행전적 교회라면 앞에서 언급한 세 가지 리더십을 갖추어야 합니다. 주님의 약속과 명령대로 순종하고 실천하지 않으면 교회도 부패할 가능성이 있습니다. 샘물은 자꾸 퍼서 사람들에게 나누어 주어야 합니다. 그래야 샘물이 또 나오는 법입니다. 이렇게 많은 수의 성도가 한 곳에만 머물러 있다면 부패하고 말 것입니다.

우리는 계속해서 하나님이 명령하신 대로, 하나님이 주신 비전대로 우리의 관심과 기도와 사랑과 헌금을 가지고 전국으로, 전 세계로 나가야 합니다. 그러기 위해서는 먼저 훈련을 받아야 합니다. 먼저 우리가 배워야 하고 성숙해야 하고 하나님의 사역에 합당한 사람들로 변신해야 합니다.

하나님은 우리를 부르고 계십니다. 어떤 사람은 베드로나 사도들처럼 목사로 부르십니다. 그런 사람은 지체하지 말고 빨리 신학교로 가기를 바랍니다. 목회자들 중에 목사가 되지 않았으면 좋았을 사람이 많습니다. 반면에 꼭 목사가 되어야 할 사람들도 있습니다. 부름이 계속 주어지는데도 응답하지 않는 사람들은 평생 마음 고생을 합니다. 그런 사람들은 지체하지 말고 그 길로 가기를 바랍니다.

하나님은 또 어떤 사람들을 선교사로 부르십니다. "너는 이방인을 위하여 택한 나의 그릇이다"라고 부르시며 어떤 민족을 위해 그 사람을 선택하십니다. 태어나기 전부터 하나님이 어느 민족을 위해 그 사람을 선택해서 "너는 그 민족을 위하여 가라"고 부름을 주신 사람들이 있습니다. 그 사람들은 지체하지 말고 가야 합니다.

그러나 또 어떤 사람은 평신도로서 세상에서 자신의 직업을 가지고 헌신하며 살도록 부르심을 받습니다. 바로 이런 사람들이 스데반과 빌립 같은 집사에 해당하는 경우로, 삶의 현장에서 주님을 위해 살도록 부르심을 받았습니다. 그 어떤 경우든 공통점이 하나 있는데, 예외 없이 모든 그리스도인은 부르심을 받았다는 사실입니다. 한 사람도 예외가 없습니다. 그리스도인이 되었는데도 부르심이 없다는 것은 거짓말입니다. 모든 사람에게는 부르심과 사명이 있습니다.

그러면 그 부르심과 사명이란 무엇입니까? 그것은 하나입니다. 전 세계를 변화시키기 위한 부르심입니다. 모든 백성에게, 모든 족속에게, 모든 열방에게 예수 그리스도를 믿게 하기 위해 어떤 사람은 목사로, 어떤 사람은 선교사로, 어떤 사람은 평신도로서 직업을 통하여 생활을 통하여 사명을 감당하도록 부르신 것입니다. 여기에 우리 교회가 응답해야 하고, 우리가 응답을 해야 합니다.

> 바울이 온 이태를 자기 셋집에 머물면서 자기에게 오는 사람을 다 영접하고 하나님의 나라를 전파하며 주 예수 그리스도에 관한 모든 것을 담대하게 거침없이 가르치더라. 행 28:30-31

사도행전을 공부할 때 가장 감동적인 부분이 바로 이 말씀입니다. 이 엄청난 복음이 바울을 통해 세계의 수도인 로마에서 확산되는데, 그 중심지가 셋방이었다는 것입니다. 여기에는 마치 예수님이 제자들의 발을 씻겼을 때 느꼈던 감동 같은 것이 있습니다. 많은 사람이 선교하기 위해선 선교 센터나 선교 단체가 있어야 한다고 말합니다. 조직, 센터, 총회, 교단 이런 것이 있어야 전도가 되는 줄로 압니다. 그러나 바울은 우리의 이런 생각에 결정타를 가합니다. 사도 바울은 선교 센터가 없었지만 엄청난 일을 했습니다.

사도 바울은 예수님에게 관심이 있었고, 우리는 하드웨어에 관심이 있습니다. 우리는 자칫 잘못하면 건물의 노예, 조직의 노예, 제도의 노예가 될 수 있습니다. 이것이 오늘날 현대 교회가 가진 치명적인 약점입니다. 그것으로 모든 것이 된다고 생각하는 것입니다. 큰 교회가 큰일을 하는 것이 아닙니다. 복음을 가진 교회가 큰일을 합니다. 예수 그리스도를 모신 교회가 영향력을 미치는 것입니다. 셋방에서도 큰일을 이룰 수 있습니다. 감옥에서도 일을 할 수 있습니다. 이것이 현대 교회가 겸허하게 받아들여야 할 교훈입니다.

당신에게 장로나 목사라는 타이틀이 있습니까? 권사라는 타이틀이 있습니까? 그러나 우리는 타이틀로 일하는 것이 아닙니다. 셋집이 크면 얼마나 컸겠습니까? 그런데 그곳에 모인 사람들이 로마를 뒤집어 버린 것입니다. 그 거대한 로마, 세계의 수도라고 하는 로마가 하루아침에 기독교 국가가 된 것입니다. 영화 「쿼바디스」에서 십자가에 화형을 당하면서도 그리스도의 복음을 부인하지 않았던 사람들이 바로 그들입니다. 로마의 최고 권력층 속에 그리스도인이 숨어 있었던 것은 바로 그 사람들 때문입니다. 이것이 복음이고 사도행전입니다.

사람들은 눈에 보이는 것, 가시적인 것이 큰일을 한다고 생각합니다. 그러나 사실은 그렇지 않습니다. 우리 교회가 주일마다 모여 예배를 드리는 것도 귀한 일이지만, 진짜 기적을 일으킬 수 있는 것은 다락방입니다. 바로 바울의 셋집처럼 열 명, 스무 명이 모여서 주님을 사랑하고 주님을 배우고 능력을 얻어 누룩처럼 퍼져 나가야 합니다.

기독교는 팡파르를 울리면서 시끄럽게 전도하는 조직이 아닙니다. 본질상 소리 없이 누룩처럼 스며들어서 세상을 뒤집어엎는 것이 기독교입니다. 사도행전은 끝나지 않았습니다. 당신이 사도행전을 쓰고 있고, 내가 사도행전을 쓰고 있고, 우리 교회가 사도행전을 만들어 가고 있습니다. 유명해지거나 소문나는 것은 중요한 일이 아닙니다. 예수 그리스도를 사랑하는 것이 중요합니다. 한 사람 한 사람을 제자화시켜 세상에 내보내는 것이 중요합니다. 그들이 세상을 뒤엎을 것입니다.

∷ 가서 전해야 합니다

또 빨리 가서 그의 제자들에게 이르되 그가 죽은 자 가운데서 살아 나셨고 너희보다 먼저 갈릴리로 가시나니 거기서 너희가 뵈오리라 하라 보라 내가 너희에게 일렀느니라 하거늘. 마 28:7

이 성경 말씀을 보면 예수님의 무덤에 천사가 나타나 그분의 부활을 알립니다. 천사는 "두려워 말라. 예수님은 여기 계시지 않고 부활하셨다. 승리하셨다"라고 했습니다. 그리고 마지막으로 부활을 경험한 사람들에게 "빨리 가라"고 말합니다. "더 이상 여기 무덤에 있지 말라"는 것입니다.

우리는 무덤을 떠나야 합니다. 무덤에는 예수님이 계시지 않기 때문입니다. 그런데 많은 종교가, 많은 기독교가 예수 없는 무덤을 지키고 있습니다. 교회 건물을 지키고 있을 뿐입니다. 교파를 지키고 앉아 있습니다. 인간이 만들어 놓은 종교적 제도 안에 머물러 있으려고 합니다. 그러나 이것은 기독교가 아닙니다.

부활에 대한 믿음이 없는 사람은 절대로 못 떠납니다. 가족이 마음에 걸리고, 사업이 걸리고, 인간관계가 걸리기 때문입니다. 아브라함은 하나님의 음성을 듣고 '갈대아 우르의 본토 친척 아비 집'을 떠났습니다. 아브라함에게 부활 신앙이 있었기 때문입니다. 히브리서에서 그것을 확인해 주고 있습니다. 아브라함은 무슨 생각으로 이삭을 번제물로 바쳤습니까? 그에게 부활 신앙이 있었기 때문입니다.

헌신이란 무엇입니까? 부활 신앙이 있을 때만 헌신이 가능합니다. 당신은 왜 떠나지 못합니까? 왜 헌신하지 못합니까? 왜 예수님이 믿어지지 않습니까? 입술로는 부활을 믿는다고 말하지만 마음속에 부활 신앙이 없기 때문입니다. 왜 죄책감에 빠져 있습니까? 예수님을 믿는다고 하지만, 보혈의 능력을 믿지 않기 때문입니다. 그래서 죄책감과 양심의 가책에 빠진 노예가 되는 것입니다.

예수님의 이름으로, 보혈의 능력으로, 당신의 모든 죄책감이 사라지기를 바랍니다. 모든 성도가 그리스도께서 부활했다는 것을 사도신경을 통해 고백하는 정도가 아니라 실제로 믿게 되기를 바랍니다.

부활을 믿으면 받게 되는 메시지는 "가라! 가서 전하라"입니다. 예수님이 부활하셨다는 사실을 캠퍼스에 가서도 전하고, 직장에 가서도 전하고, 복음을 듣지 못한 인류 절반의 사람들에게 가서도 전하라는 것입니다.

"예수께서 부활하셨다. 그가 살아나셨다"라는 것은 2천 년 전에 예수님이 무덤에 갇혀 있다가 그 시대에만 살아나셨다는 뜻이 아닙니다. 그분은 2천 년의 시간과 공간을 초월하여 지금도 살아 역사하십니다. 그리고 심판주로 다시 오실 것입니다.

"마리아야!"라고 불러 주셨던 주님이 오늘 찾아오셔서 우리의 이름을 부르면서 말씀하실 겁니다. "나는 너를 위하여 죽었노라. 너를 위하여 피를 흘렸노라. 네 죄를 용서하기 위하여 내 몸이 갈기갈기 다 찢겼노라. 내 몸을 너에게 주노라. 이 피를 너에게 주노라." 주님은 우리의 이름을 부르시며 우리의 상처와 세상의 무거웠던 모든 짐과 열등감과 패배감을 치유해 주실 것입니다. 그러고 나서 "나와 함께 세계로 가자. 나와 함께 부활의 소식을 전하러 가자"라고 말씀하실 것입니다.

사도행전적 교회는
선교적 교회입니다

"가라. 가서 모든 민족을 그리스도의 제자를 삼으라."
우리는, 우리 교회는 이 지상 명령을 받아야 합니다. 주님은 우리를 통해 세계를 변화시키기를 원하십니다. 주님은 우리를 통해 한국을 변화시키기를 원하십니다.

∵ 지상 최대의 명령을 주셨습니다

부활하신 예수님은 갈릴리에서 제자들을 만나 중요한 몇 가지 메시지를 주셨습니다.

예수께서 나아와 말씀하여 이르시되 하늘과 땅의 모든 권세를 내게
주셨으니. 마 28:18

첫 번째 메시지는 예수님 자신이 하늘과 땅의 모든 권세를 가진 분이라는 사실을 선포하신 것입니다. 이것은 굉장히 중요합니다. 예수님은 지금까지 땅의 권세를 지배하고 계셨습니다. 그러나 이제 부

활하셔서 땅의 권세만이 아니라 하늘의 권세까지 모두 가졌다고 선언하신 것입니다.

> 그러므로 너희는 가서 모든 민족을 제자로 삼아 아버지와 아들과 성령의 이름으로 세례를 베풀고 내가 너희에게 분부한 모든 것을 가르쳐 지키게 하라 볼지어다 내가 세상 끝날까지 너희와 항상 함께 있으리라 하시니라. 마 28:19-20

두 번째 메시지는 가서 모든 민족을 제자로 삼아 세례를 주고 모든 것을 그들에게 가르쳐 지키게 하라는 것입니다. 하늘과 땅의 권세를 가진 분이 이런 명령을 내리신 것입니다. 이 명령 안에 기독교의 모든 것이 들어 있습니다. 이 명령을 우리의 일생을 통해 성취한다면 하나님의 뜻을 다 이루는 것과 같습니다. 이것은 그만큼 중요한 명령입니다.

이 명령은 두 가지 의미가 있습니다. 먼저 엄청난 명령이라는 것입니다. 이것은 성경 전체를 요약할 수 있는 명령입니다. 이것은 인간이 감당할 수 없는 명령이며, 하늘과 땅의 권세를 가진 분만이 이룰 수 있는 명령입니다. 그래서 우리는 이 명령에 '지상 최대의 명령'이라는 별명을 붙였습니다.

또 다른 의미는 의심하는 사람에게 이 명령을 주셨다는 것입니다. 비겁하고, 변덕이 심하고, 큰소리 잘 치고, 뒤로 가서 딴 짓을 하는 사람들에게 이 엄청난 명령을 주셨다는 사실입니다. 예수님이 믿음이 좋으셨다는 사실에 깜짝 놀랄 때가 있습니다. 어떻게 이 명령을 의심하는 제자들에게 맡기고 하늘로 승천하실 수 있었을까 생각합니다. 이것은 기적입니다. 주님은 이 명령을 오늘 우리에게 맡기고 계십니다.

이 지상 명령, 선교 명령을 잘 이해하기 위해서는 성경에 나타난 핵심적인 명령 세 가지를 이해할 필요가 있습니다. 하나님이 인간에게 주신 첫 번째 명령은 창세기 1장 28절에 있는 명령입니다.

> 하나님이 그들에게 복을 주시며 하나님이 그들에게 이르시되 생육하고 번성하여 땅에 충만하라, 땅을 정복하라, 바다의 물고기와 하늘의 새와 땅에 움직이는 모든 생물을 다스리라 하시니라. 창 1:28

하나님은 우주 만물을 창조하셨습니다. 지구 위의 동물과 바다의 고기와 하늘의 새 등 온갖 육축을 다 만들어 주셨습니다. 그리고 그것을 다스릴 수 있는 인간을 창조하셨습니다. 하나님은 인간에게 이런 명령을 내리셨습니다.

"내가 만들어 놓은 이 지구를 잘 관리하라. 여기서 너는 자식을 많이 낳고 번성해 땅에 가득하고 땅을 정복하라. 모든 생물을 다스리라."

이 명령은 문화적 명령입니다. 이런 의미에서 환경보호운동은 성경적인 운동입니다. 우리는 지구를 돌볼 책임이 있습니다. 하나님이 만들어 주신 환경을 그대로 보존할 책임이 있습니다. 그러나 죄로 타락한 인간은 지구를 망가뜨리기 시작했습니다. 환경을 오염시키기 시작했습니다. 사람들은 서로 싸우고 죽이며 세상을 지옥으로 만들고 있습니다. 그러나 하나님은 이 모든 것을 우리가 잘 다스리기를 원하십니다.

새 계명을 너희에게 주노니 서로 사랑하라 내가 너희를 사랑한 것 같이 너희도 서로 사랑하라. 요 13:34

두 번째 명령은 인간관계에 있어서, 그리고 이 세상을 살아가는 데 있어서 삶의 명령입니다. "서로 사랑하라"는 것은 기독교의 핵심적 주제입니다. 여기에 하나님의 창조 원리가 모두 담겨 있고, 여기에 예수님의 구원 정신이 모두 담겨 있습니다. 그러나 죄가 들어온 이후 인간은 어떻게 살고 있습니까? 사랑하는 대신에 미워하고, 용서하는 대신에 복수의 철학을 가지고 인간관계를 맺고 있습니다. 그러나 주님의 명령은 "서로 사랑하라"는 것입니다.

⫶ 선교를 위해 존재합니다

문화 명령, 삶의 명령에 이어 세 번째 중요한 명령은 선교 명령입니다.

그러므로 너희는 가서 모든 민족을 제자로 삼아 아버지와 아들과 성령의 이름으로 세례를 베풀고 내가 너희에게 분부한 모든 것을 가르쳐 지키게 하라 볼지어다 내가 세상 끝날까지 너희와 항상 함께 있으리라 하시니라. 마 28:19-20

원래 사람과 하나님은 교제하며 하나가 되는 관계였습니다. 그러나 죄가 들어온 이후에 인간은 하나님을 거부했습니다. '하나님 기억상실증'에 걸려 그분의 존재조차도 희미해졌습니다. 그래서 인간은 우연의 존재라고, 인간은 창조의 산물이 아니라 진화의 산물이라고 생각하기 시작했습니다.

그러나 예수 그리스도께서 우리의 죄를 대신해 십자가에 못 박혀 죽음으로써 우리를 구원하셨습니다. 이것이 십자가입니다. 이때 구원은 십자가로 끝나는 것이 아닙니다. 죽어서 무덤에 갇혀 있는 예수님을 사흘 후에 하나님이 부활하게 하심으로써 죽음의 십자가를 승리의 십자가로 바꾸어 주셨습니다. 예수님은 다시 부활하셨습니다. 그러므로 예수 그리스도를 믿음으로써 인간은 본질적인 원죄를 다 용서받고 하나님의 자녀가 된 것입니다.

선교 명령은 "예수 그리스도를 믿기만 하면 누구든지 구원을 얻으리라. 예수 그리스도를 믿는 자에게는 내가 하나님의 자녀가 되는 권세를 주리라"는 놀라운 구원의 메시지를 선포하라는 것입니다. '하나님 기억상실증'에 걸려 그분의 이름을 잊어버린 모든 인간에게 이 메시지를 전하라는 것입니다. 이 선교 명령 속에는 문화 명령이 포함되어 있습니다. 이 선교 명령 속에는 삶의 명령이 포함되어 있습니다. 이것이 바로 지상 최후의, 최대의 명령입니다.

교회는 왜 존재합니까? 그리스도인이 이 세상에 존재하는 이유는 무엇입니까? 그렇습니다. 우리는 그리스도를 증거하기 위해 이 세상에 남아 있는 것입니다. 많은 사람이 이 세상에서 오래 살기를 원합니다. 행복하게 살기를 원합니다. 그러나 그것은 잘못된 목표입니다. 우리가 이 세상에서 생명을 연장하여 살고 있는 유일한 목표는 그리스도를 전하기 위해서입니다.

우리는 이미 구원받은 사람이므로 이 세상에 오래 살아야 할 이유가 없습니다. 죽는 것이 더 좋습니다. 그러나 하나님이 우리를 이 땅에 남겨 두신 이유는 선교 명령을 성취하기 위해서입니다. 좀 더 강조하면 결혼도 사업도 건강도 오래 사는 것도 "가서 모든 민족을 제자로 삼으라"는 명령을 성취하기 위해서입니다.

그런데 이 명령은 우리가 감당할 수 있는 것이 아닙니다. 교회가 감당할 수 있는 내용의 명령이 아닙니다. 그러나 예수님은 승천하시면서 이 명령을 성취할 수 있는 힘을 주겠다고 약속하셨습니다.

오직 성령이 너희에게 임하시면 너희가 권능을 받고 예루살렘과 온 유대와 사마리아와 땅 끝까지 이르러 내 증인이 되리라 하시니라. 행 1:8

예수님은 우리에게 "사랑하라"고 말씀하십니다. 그러나 우리에게는 사랑할 힘이 없습니다. 주님은 우리에게 "전도하라"고 하십니다. 그러나 우리에게는 전도할 힘도 없습니다. 주님은 "너는 순종하고 기도하고 믿고 나아가기만 하라. 사람의 마음을 변화시키는 것은 내가 하겠다"라고 말씀하십니다. 누구를 사랑하고 전도하는 것은 우리 인격과 말로 하는 것이 아닙니다. 주님이 하시는 것입니다.

선교는 교회가 하는 것이 아닙니다. 교인들이 하는 것도 아닙니다. 하나님이 하시는 것입니다. 하나님이 우리를 통해, 우리의 순종을 통해 선교하시는 것입니다. 믿음과 순종을 하나님께 내어 놓기만 하면 그분은 우리를 통해 이 세계를 변화시키실 것입니다. 하나님은 우리를 통해 세계를 변화시키기를 원하십니다. 이것이 선교 명령이요, 지상 명령입니다. 사업하는 사람은 왜 돈을 열심히 법니까? 선교하기 위해서입니다. 왜 학교에서 가르치는 일을 합니까? 선교하기 위해서입니다.

이런 말을 하면 어떤 사람들은 너무 단세포적으로 말한다고, 너무 흑백 논리로 말한다고 할지도 모르겠습니다. 그러나 이것은 분명한 사실입니다. 우리가 죽는 것이 분명한 사실인 것처럼 남아 있는 우리 생애에서 마지막으로 유일하게 감당해야 할 목적과 사명은 "가서 모든 민족을 제자로 삼으라. 땅을 정복하고 땅을 다스리라. 그리고 서로 사랑하라"는 것입니다. 병들었든지 건강하든지, 부유하든지 가난하든지, 능력이 있든지 없든지 우리 모두는 선교를 위해 존재합니다.

∷ 이 모든 일에 증인입니다

성경을 보면 우리에게 목적과 사명을 주시고 나서 주님은 놀라운 말씀을 덧붙여 주셨습니다. "볼지어다 내가 세상 끝날까지 너희와 항상 함께 있으리라"(마 28:20)는 말씀입니다. 다시 말하면 "그것은 네가 감당할 수 없는 명령이다. 네가 인간적으로는 도저히 이행할 수 없는 명령이다. 하지만 걱정하지 마라. 세상 끝날까지 내가 너와 함께 있을 것이다"라는 말씀입니다. 이 얼마나 놀라운 메시지입니까! 다음은 모세가 죽은 후 하나님이 여호수아에게 하신 말씀입니다.

> 네 평생에 너를 능히 대적할 자가 없으리니 내가 모세와 함께 있었던 것 같이 너와 함께 있을 것임이니라 내가 너를 떠나지 아니하며 버리지 아니하리니. 수 1:5

또한 요한복음에는 두려워하는 제자들에게 하시는 예수님의 위로 말씀이 있습니다.

> 너희는 마음에 근심하지 말라 하나님을 믿으니 또 나를 믿으라. 요 14:1 이것을 너희에게 이르는 것은 너희로 내 안에서 평안을 누리게 하려 함이라 세상에서는 너희가 환난을 당하나 담대하라 내가 세상을 이기었노라. 요 16:33

예수님은 인간이 감당할 수 없는 엄청난 하늘의 명령, 최대의 명령, 최후의 명령, 인간 역사를 근본적으로 둘로 갈라놓을 수 있는 명령을 우리에게 주십니다. 그리고 이렇게 말씀하십니다.

"두려워하지 말라. 나는 너와 함께할 것이다. 너를 버리지 아니할 것이다. 네가 순종하기로 결정했느냐? 내가 끝까지 책임지겠다. 병들었느냐? 걱정하지 마라. 돈이 없느냐? 걱정하지 마라. 조직이 없느냐? 사람이 없느냐? 걱정하지 마라. 네가 정말 이 명령이 하나님으로부터 온 말씀인 줄 믿고 순종하고 앞으로 나아가기만 한다면 네 생애가 형통할 것이다. 모든 것을 허락할 것이다. 돈은 하나님의 것이다. 건강도 하나님이 주신다. 사람도 하나님이 주신다. 방법도 하나님이 주신다. 너는 믿고 나아가기만 하라."

우리는, 우리 교회는 이 지상 명령을 받아야 합니다. 주님은 우리를 통해 세계를 변화시키기를 원하십니다. 주님은 우리를 통해 한국을 변화시키기를 원하십니다. 주위를 한번 살펴보고, 지구를 바라봅시다. 얼마나 불안하고 두려움이 많습니까? 지구 도처에서 전쟁의 총소리가 계속 들려오고 학살, 고문, 기근, 경제적 불황, 도덕적 · 문화적 타락, 폭력, 마약, 성범죄, 부정부패, 환경오염, 핵 문제, 에이즈 등 인류는 수많은 위기 앞에 흔들리고 있습니다. 주님은 이런 세상을 향하여 명령하십니다.

"가라. 가서 모든 민족을 그리스도의 제자를 삼으라."

사도행전적 교회는
파송하는 교회입니다

구원을 얻으려면 예수 그리스도의 이름을 불러야 하는데, 예수 그리스도의 이름을 부르기 위해서는 파송이 필요하다는 것입니다. 구원은 누군가 하나님의 말씀을 전해 주는 것에서 시작합니다. 말씀을 전해 줄 때 그 말씀을 듣고 믿음이 생기고, 믿음이 생길 때 예수님을 찾고 구하고 두드리고 부르게 됩니다.

:: 예수님을 믿으면 구원을 받습니다

누구든지 주의 이름을 부르는 자는 구원을 받으리라. 롬 10:13

이 말씀은 로마서에 나타난 위대한 성경구절입니다. 이것은 얼마나 놀라운 진리인지 모릅니다. 누구든지 주의 이름을 부르는 사람은 구원을 받습니다. 그것은 유대인이나 이방인이나 차별이 없습니다. 구원받기 위해 하늘로 올라가서 그리스도를 내려오게 하실 필요가 없습니다. 구원받기 위해 음부에 가서 예수 그리스도를 다시 부활시킬 필요도 없습니다. 예수 그리스도는 우리의 입술 안에, 마음 안에 있습니다. 따라서 구원은 굉장히 어렵고 멀고 힘든 것처럼 느껴지지만, 눈을 뜨고 성경을 읽으면 그렇게 어렵거나 복잡하지 않습니다. 구원은 쉽고 분명한 것이지만 우리의 노력으로 얻어지는 것이 아닙니다. 그저 하나님이 주신 것을 받으면 됩니다.

구원이 이렇게 쉽고 분명하고 간단한 것인데도 많은 사람이 구원의 길로 들어서지 못하고 방황하는 이유가 뭘까요? 사도 바울은 네가지 질문을 던지는 형식으로 대답합니다.

> 그런즉 그들이 믿지 아니하는 이를 어찌 부르리요 듣지도 못한 이를 어찌 믿으리요 전파하는 자가 없이 어찌 들으리요 보내심을 받지 아니하였으면 어찌 전파하리요 기록된 바 아름답도다 좋은 소식을 전하는 자들의 발이여 함과 같으니라. **롬 10:14-15**

첫째, "믿지 아니하는 이를 어찌 부르리요"입니다. 누구든지 예수 그리스도의 이름을 부르는 자는 구원을 얻습니다. 그러나 믿지 않는다면 어떻게 부를 수 있겠습니까? 예수 그리스도의 이름을 부르기 위해서는 먼저 믿음이 필요합니다. 예수님이 우리를 위해 십자가에 못 박혀 죽으시고 사흘 만에 다시 살아났다는 사실을 믿을 때 그의 이름을 부를 수 있습니다.

둘째, "듣지도 못한 이를 어찌 믿으리요"입니다. 들어 본 일이 없는데 어떻게 믿겠습니까? 예수님이 "나의 주 나의 하나님"이라는 것을 믿으려면 최소한 그분에 대한 소식은 들어야 합니다. 소식을 들어야 믿을 수 있고, 믿어야 이름을 부를 수 있습니다.

셋째, "전파하는 자가 없이 어찌 들으리요"입니다. 예수 그리스도의 말씀을 들으려면 누군가 그 말씀을 전해야 합니다. 우리는 이를 가리켜 '메신저'라고 합니다. 소식을 전하는 사람, 메신저가 있어야 메시지를 들을 수 있습니다. 누군가 전해 주는 사람이 있어야 말씀을 듣게 되고, 말씀을 들어야 믿음이 생기고, 믿음이 생겨야 예수님의 이름을 부르게 됩니다. 그리고 예수님의 이름을 부르게 될때만 구원을 얻게 됩니다.

넷째, "보내심을 받지 아니하였으면 어찌 전파하리요"입니다. 메신저는 스스로 가서 이야기하는 사람이 아니라 누군가에 의해 보냄을 받은 사람입니다. 마치 각 나라에 대사를 파송하듯이 하나님이 우리를 보내시는 것입니다. 보냄을 받지 않았는데, 파송을 받지 않았는데 누가 감히 갈 수 있겠습니까? 메시지를 전하지 않았는데 누가 감히 들을 수 있겠습니까? 듣지 못했는데 누가 감히 믿을 수 있겠습니까? 믿지 못하는데 어떻게 감히 부를 수 있겠습니까?

⋮ 전하지 않으면 믿을 수 없습니다

우리는 로마서 10장 14-15절에서 중요한 결론을 하나 내리게 됩니다. 구원을 얻으려면 예수 그리스도의 이름을 불러야 하는데, 예수 그리스도의 이름을 부르기 위해서는 파송이 필요하다는 것입니다. 보내는 일이 없다면 구원도 없습니다. 구원은 산에 가서 혼자 도를 닦고 깨달아야 받을 수 있는 것이 아닙니다. 구원은 누군가 하나님의 말씀을 전해 주는 것에서 시작합니다. 말씀을 전해 줄 때 그 말씀을 듣고 믿음이 생기고, 믿음이 생길 때 예수님을 찾고 구하고 두드리고 부르게 됩니다.

그러면 교회의 최대 임무는 무엇입니까? 파송입니다. '사도'라는 말은 아포스텔로(Apostelo)라는 말에서 나왔는데, 이 뜻은 "내가 너희를 보낸다. 내가 너희를 세상에 보낸다"라는 뜻입니다. 성경을 보면 "그러므로 너희는 가서 모든 민족을 제자로 삼아 아버지와 아들과 성령의 이름으로 세례를 베풀고 내가 너희에게 분부한 모든 것을 가르쳐 지키게 하라 볼지어다 내가 세상 끝날까지 너희와 항상 함께 있으리라 하시니라"(마 28:19-20)는 말씀이 있습니다. 이것은 온누리교회의 표어이기도 합니다. 교회 바깥에 기둥 두 개가 있는데, 그 밑에 교회 머릿돌이 있습니다. 그 머릿돌에 바로 이 말씀이 새겨져 있습니다. 온누리교회는 이 명령에 순종하기 위해 세워졌습니다.

이 기쁜 소식—예수님이 우리를 위해 십자가에 못 박혀 죽으셨고, 예수님이 우리를 위해 부활하셨고, 예수님이 우리의 죄를 용서하셨고, 예수님이 우리를 하나님의 아들로 인치셨고, 그 예수님이 다시 오셔서 우리와 함께 계실 것이라는 소식—을 전하러 가는 사람의 발걸음은 어떻겠습니까? 신이 날 것입니다. 사형 선고를 면했다는 소식을 전하는 사람의 마음은 얼마나 기쁘겠습니까? 발걸음이 빨라지고 전달해 주는 것만으로도 기쁠 것입니다. 반면에 사형장으로 끌려가는 발은 어떻겠습니까? 아주 무겁고 고통스러울 것입니다.

예수 그리스도의 이름을 부르려면 믿어야 합니다. 믿으려면 들어야 합니다. 들으려면 누군가 전해야 합니다. 전하는 사람이 있으려면 누군가를 보내야 합니다. 따라서 이 소식을 전하러 가는 사람의 발은 복된 발입니다. 이 이야기가 로마서 10장 15절 중간 부분에 있습니다. "아름답도다 좋은 소식을 전하는 자들의 발이여."

이것은 원래 이사야서 52장 7-8절에 기록된 말씀입니다. 나는 우리의 발이 이런 복된 발이 되기를 바랍니다. 우리의 발이 돌멩이를 차는 발이 아니라, 다른 사람의 엉덩이를 차는 발이 아니라, 죄악을 저지르기 위해 달려가는 발이 아니라, 기쁜 소식을 전하는 데 사용되는 발이기를 바랍니다.

복음을 들고 위험과 고통과 외로움과 가난함을 무릅쓰고 다른 언어, 다른 문화권, 다른 종족에게 이 기쁜 소식을 전하기 위해 떠나는 사람들이 있습니다. 그들은 조국을 떠나, 일가친척을 떠나, 사랑하는 고향을 떠나, 직장을 떠나 예수 그리스도의 복음을 들고 모르는 이방인 속으로 뛰어 들어갔습니다. 우리는 이들을 '선교사'라고 부릅니다.

네팔에서 일하는 강원희 선교사는 60세가 넘었습니다. 나는 외과 의사인 그의 이야기를 듣다가 그만 울고 말았습니다. 하루는 어떤 여자 환자를 수술하는데 수혈할 피가 없었답니다. 그런데 마침 자기 혈액형과 같더랍니다. 급박한 상황에서 그는 자기 피를 뽑아서 그 여자에게 수혈해 주었답니다. 그 얘기를 듣고 얼마나 큰 감동을 받았는지 모릅니다. 그는 국내에서도 훌륭한 외과 의사였습니다. 돈도 잘 벌었습니다. 그런데 5년 동안 고민하며 기도하다가 선교사로 떠날 것을 결심하고 40세에 선교지로 떠났습니다. 지금까지 20년 동안 그는 스리랑카, 네팔 등의 지역을 돌아다니면서 어느 때는 스무 시간을 걸어 산을 넘고 또 넘어 환자 약 130명을 돌보고 또 걸어서 내려오기를 반복합니다. 왜, 무엇 때문에 그런 일을 하겠습니까? 그의 발이야말로 "아름답다"라는 말을 붙이기에 합당하다고 생각됩니다.

교회는 끊임없이 복음을 전하는 자들을 파송해야 합니다. 그리고 우리가 그들의 생활을 뒷바라지해 주어야 합니다. 이것이 선교입니다. 매년 초에 작정하는 선교헌금은 이렇게 쓰입니다. 이 얼마나 아름다운 일입니까!

사도행전적 교회는
교회를 낳아야 합니다

결혼하면 아기를 낳듯이 교회는 교회를 낳아야 합니다. 이것이
진짜 교회입니다. 살아 있는 교회는 생산을 해야 합니다. 교회
를 낳지 않는 교회는 죽은 교회입니다. 예루살렘 교회는 안디옥
교회를 낳았습니다. 교회는 이렇게 확장되고 성장하고 부흥하
는 것입니다.

⠿ 예수님의 교회는 제한 없이 달려갑니다

우리는 아무 의미 없이 우연하게 태어난 존재가 아닙니다. 하나
님의 섭리와 뜻에 따라 이 세상에 왔습니다. 우리의 삶은 하나님의
뜻을 이루기 위해 존재합니다. 우리는 계속해서 사도행전을 쓰는 사
람들이고, 그 사도행전에서 계속해서 주인공이 될 수 있는 사람들입
니다.

오직 성령이 너희에게 임하시면 너희가 권능을 받고 예루살렘과 온 유
대와 사마리아와 땅 끝까지 이르러 내 증인이 되리라 하시니라. 행 1:8

이 말씀은 사도행전 28장 전체를 통해 이루어졌고, 지금도 우리를 통해 이루어지고 있습니다. 위의 말씀을 보면 "성령이 너희에게 임하시면 너희가 권능을 받고 예루살렘과……"라고 했습니다. 사도행전 1-7장까지는 예루살렘에 관한 이야기입니다. 어떻게 예루살렘에 초대교회가 탄생했고, 부흥하고 성장하고 발전했는지를 보여 주고 있습니다.

오순절에 성령이 예루살렘에서 120명의 사람에게 임했을 때, 그들은 성령을 받고 밖으로 뛰어나가 방언을 하며 예수 그리스도를 선포했습니다. 사람들은 충격을 받았습니다. 베드로가 설교할 때 사람들은 마음에 찔려 "형제들이여, 우리가 무엇을 해야 합니까?"라고 물었습니다. 그때 회개하고 나서 예수를 믿은 사람이 3천 명, 그 후에 5천 명, 그다음에는 셀 수 없이 많은 사람이 하나님 앞으로 돌아왔습니다.

그러나 사도행전 1-7장까지 교회가 부흥하고 성장했다는 이야기만 있는 것은 아닙니다. 고난과 핍박, 시험을 당했다는 이야기도 나옵니다. 아나니아와 삽비라 사건을 계기로 교회는 자체 정화를 시작했습니다. 교회가 비록 부흥하고 성장했지만, 하나님은 고난과 핍박과 시험을 통해 교회를 성결하게 하시고 거룩하게 하시고 성숙하게 하셨습니다. 하나님은 우리에게 은혜를 주십니다. 그러나 그냥 주시는 것이 아니라 고난을 통해 주십니다. 그래서 사람들을 겸손하게 만드시고 순결하게 하십니다. 사람들을 성숙하게 만드시는 것이 하나님의 방법입니다. 초대교회는 이렇게 탄생했습니다.

사도행전의 2단계는 8-12장에 있는 내용입니다. 복음은 예루살렘에서 시작되었지만, 그곳에만 머물러 있지 않고 온 유대와 사마리아로 확장되었습니다. 복음은 나에게 왔지만 내게만 머물러 있지 않습니다. 복음은 우리에게 왔지만 우리 안에 제한되지 않습니다.

성령님은 우리보다 크시고 우리를 뛰어넘는 분입니다. 성령님은 우리 교회를 뛰어넘어 대한민국 방방곡곡으로 퍼져 나가십니다. 우리에게 임하신 성령님은 북한까지 역사하실 줄로 믿습니다. 아무리 수십 년 동안 북한 땅이 복음에 닫혀 있었다고 할지라도, 마귀가 그 땅을 묶어 놓았다고 할지라도 하나님이 문을 여시면 닫을 자가 없습니다. 하나님이 역사하시면 역사가 이루어지는 것입니다. 아시아의 30억 인구가 하나님 복음의 말씀을 듣게 될 것입니다.

복음은 예루살렘에 제한되지 않고 유대와 사마리아로 퍼져 나갑니다. 복음은 유대인으로 제한되지 않습니다. 모든 이방인에게로, 모든 열방으로 이 복음은 흘러들어 갈 것입니다. 그 이야기가 사도행전 8-12장에 나옵니다.

빌립을 중심으로 전도 활동이 시작되었고, 사마리아에 하나님의 말씀과 성령이 임하기 시작했습니다. 사마리아에 성령이 임했다는 소식을 듣고, 예루살렘에 있던 사도 요한과 베드로는 사마리아를 방문해 예수님을 믿고 성령받은 사람들을 만났습니다. 그들에게 말씀을 전하고 안수했을 때 예루살렘에서 일어났던 성령님의 놀라운 역사가 사마리아와 유대 땅에서도 일어났습니다. 그 가운데 놀라운 사건은 베드로가 이방인인 고넬료를 만난 일이었습니다. 만날 수 없는 사람들이 만난 것입니다.

복음은 만날 수 없는 사람을 만나게 합니다. 복음은 갈 수 없는 곳을 가게 합니다. 복음은 할 수 없는 일을 하게 합니다. 그런 능력이 복음에 있습니다. 성령의 역사가 바로 그것입니다. 이런 성령의 역사를 체험할 수 있게 되기를 바랍니다. 성령님은 만날 수 없는 사람을 만나게 하시고 갈 수 없는 곳을 가게 하시고 할 수 없는 일을 하게 하십니다. 성령님은 우리 안에 제한되어 있지 않습니다.

우리는 약하지만 주님은 강하십니다. 우리에게는 불가능한 일이 많지만 주님께는 불가능한 일이 없습니다. 우리 자신을 보면 불가능한 벽에 부딪히게 됩니다. 그러나 우리 안에 계신 예수 그리스도를 보면 무한한 세계를 보게 됩니다.

∷ 선교할 때 진정한 교회가 됩니다

3단계는 사도행전 13-28장의 내용입니다. 온 유대와 사마리아 땅을 넘어 모든 민족과 국가와 인종과 문화의 벽을 넘어 하나님의 역사가 나타납니다. 이것이 바로 13장 이후부터 나타나는, 이방인을 향한 선교의 문이 열리는 사건입니다.

1-12장은 베드로와 예루살렘 교회가 주인공입니다. 그러나 13장부터는 바울과 안디옥 교회가 주인공으로 등장합니다. 안디옥 교회가 등장하는 13장부터 세계선교의 문이 열리기 시작합니다. 재미있는 것은 안디옥 교회를 누가 낳았느냐 하는 점입니다. 예루살렘 교

회가 낳은 것이 안디옥 교회입니다. 교회에는 두 가지 모델이 있습니다. 예루살렘 교회와 안디옥 교회입니다. 이 두 개의 모델은 교회의 본질에 속합니다.

13장 1-3절을 보면 세계선교의 본질이 무엇인지, 하나님은 어떻게 세계선교를 일으키시는지, 세계선교를 일으킬 때 어떤 원칙과 방법을 사용하시는지에 대한 설명이 들어 있습니다. 이 세 구절의 내용 안에는 앞으로 28장까지 이방인과 열방과 모든 민족을 향해 나가는 선교의 대원칙이 요약되어 있습니다.

첫째, 이 말씀을 통해 우리가 발견한 사실은 세계선교는 하나님이 하신다는 것입니다. 다시 말해 선교의 주체는 인간이 아니라 성령님이라는 사실을 여기서 보게 됩니다.

안디옥 교회에 선지자들과 교사들이 있으니 곧 바나바와 니게르라 하는 시므온과 구레네 사람 루기오와 분봉 왕 헤롯의 젖동생 마나엔과 및 사울이라 주를 섬겨 금식할 때에 성령이 이르시되 내가 불러 시키는 일을 위하여 바나바와 사울을 따로 세우라 하시니.^{행 13:1-2}

안디옥 교회에는 다섯 명의 영적 지도자가 있었습니다. 그들의 임무는 제사장과 선지자, 그리고 교사의 역할을 하는 것이었습니다. 그 다섯 명의 영적 지도자가 주님을 섬겨 금식할 때 성령님이 말씀하셨습니다. 선교는 우리가 생각하는 것이 아니라 성령님이 말씀하시는 것입니다. 아밋대의 아들 요나에게 하나님의 말씀이 임하여

"니느웨로 가서 그것을 향하여 외치라"(욘 1:2)고 하셨습니다. 여기서 요나가 선교의 주체가 아니라 하나님이 선교의 주체였습니다.

선교사는 선교의 주체가 아닙니다. 선교 단체도, 교회도 선교의 주체가 아닙니다. 선교의 명령을 하시는 분은 오직 하나님뿐입니다. 선교는 하나님의 일이요, 관심이요, 그분의 목적입니다. 선교를 할 때까지 교회는 교회가 아닙니다. 그것은 세상 단체, 친교 단체, 구제 단체, 교육 단체에 불과합니다. 교회는 하나님의 성령이 임하여 선교를 시작할 때부터 진정한 교회가 됩니다. 바로 안디옥 교회가 그랬습니다.

오늘날 우리나라 교회가 건물도 있고 교인도 있고 모든 것을 다 가졌지만 힘을 쓰지는 못하는 이유는 진정한 선교를 하지 않았기 때문입니다. 교회는 세상에서 점점 무능한 존재로 변해 가고 있습니다. 이 세상에는 권력을 가진 존재가 많습니다. 큰 돈을 가진 사람도 많습니다. 선교를 하지 않는 교회는 그런 존재에 불과합니다.

그러나 성령을 받고 그분의 음성을 듣고 선교에 헌신하고 선교를 하기로 결정할 때, 교회는 세상과 구별된 다른 조직이 됩니다. 교인의 숫자가 적어도 능력이 있습니다. 역사가 짧아도 그런 교회는 그 시대에 엄청난 영향력을 미치게 됩니다.

교회를 낳지 않는 교회는 죽은 교회입니다

둘째, 이 말씀에서 발견한 사실은 선교의 주체는 성령님이라는 것입니다. 그러나 1-2절을 보면 선교의 주체는 성령님이신데, 그 선교를 수행하는 기관은 지상의 교회라는 사실을 알 수 있습니다. 성령님이 명령하신 일을 누가 수행합니까? 교회가 해야 합니다. 교회는 무엇입니까? 하나님의 백성입니다. 교회는 건물이나 제도가 아닙니다. 그리스도의 몸을 이루며 지체가 된 모든 하나님의 백성, 성령받은 백성의 모임이 바로 교회입니다.

하나님의 성령이 안디옥에 있는 다섯 명의 영적 지도자 한 사람 한 사람에게 동시에 똑같은 음성으로 들려 주신 일이 있습니다. "누가 이 하나님의 명령을 수행해야 하는가?"라는 것이었습니다. 성령 받은 하나님의 교회들, 즉 성령받은 하나님의 백성이 바로 이 선교를 수행하는 핵심 세력이라는 것입니다. 우리는 여기서 교회의 본질을 읽을 수 있습니다. '교회가 왜 지상에 존재하는가'라는 당위성을 읽을 수 있습니다.

예루살렘 교회에는 안디옥 교회와는 다른 여러 가지 모습이 가졌습니다.

먼저 예루살렘 교회의 구성원은 누구입니까? 예수님 당시의 열두 제자가 지도자였습니다. 그리고 오순절 때 함께 성령을 받았던 120명의 사람입니다. 예루살렘 교회에서는 3천 명, 그다음에는 5천 명이 예수님을 믿었는데 그들 모두는 유대인이었습니다. 유대인으로만 구성된 교회가 예루살렘 교회였습니다.

그러나 안디옥 교회는 전혀 달랐습니다. 사도가 없었습니다. 열두 사도 중 한 사람도 오지 않았습니다. 그들의 지도자는 바울과 바나바였습니다. 그리고 성경을 보면 여러 곳에서 모인 사람들로 교회가 구성되었다는 사실을 알 수 있습니다. 예루살렘 교회에는 유대인만 있었지만, 안디옥 교회는 민족과 인종과 문화를 초월해서 여러 곳에서 온 사람이 있었습니다.

사도행전 13장 1-2절에는 사람들의 이름이 기록되어 있습니다. 안디옥 교회에는 선지자들과 교사들이 있었는데, 첫 번째 사람은 바나바였습니다. 사도행전 4장 36절을 보면 바나바는 키프로스에서 온 레위 사람이었습니다.

다음은 니게르라 하는 시므온입니다. 니게르는 라틴어로 니그로와 같은 어원을 가지고 있으므로, 히브리식 이름인 시므온이라는 이름을 가진 피부색이 검은 사람임을 추측할 수 있습니다. 아프리카에서 온 개종자였다는 것입니다.

그다음은 구레네 사람 루기오입니다. 구레네 지방에서 온 루기오, 로마식 표기로는 루치오스입니다. 로마 문화권에서 온, 즉 로마의 영향을 받은 사람이었습니다.

마지막 사람은 헤롯과 어릴 때부터 함께 자란 마나엔입니다. 여기서 헤롯은 세례 요한을 죽인 바로 그 헤롯을 말합니다. 마나엔은 그 헤롯과 한 유모 밑에서 같은 젖을 먹었던 사람입니다. 권력층에 속해 그 분위기에서 자란 사람이었다고 쉽게 추정할 수 있습니다.

예루살렘 교회와 얼마나 큰 차이가 있습니까! 안디옥 교회는 이런 다양한 부류의 사람들이 예수 그리스도의 이름으로 모인 곳입니다. 또한 예루살렘 교회에서는 하나님의 말씀 선포가 있었고, 3천 명이 회개하고 예수님을 믿었습니다. 그리고 회개와 성령 세례와 말씀의 가르침과 떡을 떼는 것과 교제하는 것과 구제 등이 예루살렘 교회를 중심으로 이루어지고 있었습니다. 이 모든 것은 예루살렘 교회가 사람들을 구원하고 양육하기 위한 것이었습니다.

반면에 안디옥 교회는 예루살렘 교회와는 달랐습니다. 그들이 헌금을 모아 처음으로 썼던 것이 구제 사역이었습니다. 선교 이전에 구제해야 한다는 사실이 굉장히 중요합니다. 선교하는 교회가 일반적으로 하지 못하는 것이 바로 구제입니다. 모든 것을 선교에만 집중하다 보면 주변 사람들의 가난함 같은 것에 별로 관심을 갖지 못하게 됩니다. 그런 면에서 안디옥 교회는 우리에게 참으로 좋은 모델이 됩니다. 선교사를 파송하기 전에 그들은 헌금으로 모은 돈을 구제 팀과 함께 예루살렘으로 보냅니다.

바나바와 사울이 부조하는 일을 마치고 마가라 하는 요한을 데리고 예루살렘에서 돌아오니라. 행 12:25

특별히 선교하는 교회는 구제를 많이 해야 합니다. 우리는 가난하고 어려운 이웃을 뜨거운 사랑으로 돌봐야 합니다. 그러나 복음은 거기에만 머무르지 않습니다. 구제의 위기는 구제에만 머무는 데 있습니다. 복음은 세계를 보게 하고 우주를 보게 하고 땅끝을 보게 합니다. 안디옥 교회는 역사를 보는 세계관을 가진 다양한 민족으로 구성된 교회였습니다. 반면에 예루살렘 교회에는 이런 관점에서 세계관이 없었다고 말할 수 있습니다. 그 교회는 자기 민족 안에, 자기들 세계 안에만 안주했습니다. 이 두 교회의 모습은 지금의 우리 교회 안에도 다 존재합니다. 예루살렘 교회적인 의미가 우리 교회 안에 있으며, 안디옥 교회적인 의미도 우리 안에 있습니다.

결혼하면 아기를 낳듯이 교회는 교회를 낳아야 합니다. 이것이 진짜 교회입니다. 살아 있는 교회는 생산을 해야 합니다. 교회를 낳지 않는 교회는 죽은 교회입니다. 생명은 생명을 낳는 법입니다. 교회는 교회를 낳아야 합니다. 그래야 자연스럽습니다. 예루살렘 교회는 안디옥 교회를 낳았는데, 교회는 이렇게 확장되고 성장하고 부흥해야 합니다.

사도행전적 교회는 사회에 영적 영향력을 미칩니다

교회의 크기는 중요하지 않습니다. 몇 명이 모이는가도 중요하지 않습니다. 과연 우리 교회가 세상의 뿌리를 뒤흔들 만한 영적 영향력을 갖고 있느냐가 중요합니다. 우리의 생애가 얼마만큼의 영향력을 줄 수 있느냐가 중요합니다.

::선교사는 목자입니다

사도 바울과 바나바는 1차 전도여행을 마치고 함께 사역을 하고 있었습니다. 그런데 유난히 복음에 대한 뜨거운 열정을 가졌던 바울이 바나바를 재촉했습니다. 1차 전도여행 때 만났던 수많은 사람, 그 중에서도 복음에 반응한 사람들을 다시 찾아가서 심방하자는 것이었습니다. 그래서 시작된 것이 2차 전도여행입니다.

며칠 후에 바울이 바나바더러 말하되 우리가 주의 말씀을 전한 각 성으로 다시 가서 형제들이 어떠한가 방문하자 하고. ^행 15:36

2차 전도여행은 사실 '2차 양육여행'이라고 해야 맞습니다. 1차 전도여행 때는 주로 전도를 했지만, 2차 전도여행은 전도보다는 주로 양육에 초점이 맞춰졌기 때문입니다. 그러나 하나님이 양육을 위해 떠난 그들의 진로를 생각지도 못한 방향으로 바꾸셔서 유럽 전도가 시작되었습니다. 즉 소아시아를 전도했던 그들을 마게도냐 쪽으로 가게 하신 것입니다. 이것이 2차 전도여행입니다.

우리는 36절에서 "어떠한가 방문하자"라는 말을 발견하게 됩니다. 사도 바울은 자신이 복음의 씨를 뿌려 전도했던 사람들, 눈물을 흘리며 기도해 주고 귀신을 쫓아내고 기적을 베풀어 주었던 그들의 소식이 몹시 궁금했습니다. 그래서 직접 찾아가지 않고는 견딜 수가 없었던 것입니다. 이것이 바로 선교사의 마음입니다. 이것이 순장의 마음이요, 일대일 지도자의 마음입니다. 이런 마음이 없으면 아무것도 할 수 없습니다. 선교지에 가서 현지 사람들을 만나고 집을 짓고 신학교를 세우고 병원을 만드는 자가 선교사가 아니라 바로 이 마음을 갖고 있는 사람이 선교사입니다. 설교하는 자가 목사가 아니라 성도들을 향하여 이 마음을 가진 사람이 목사입니다.

사도 바울은 '지금 형제들이 어떻게 지내고 있을까' 하는 것이 가장 궁금했습니다. '내가 복음을 전한 형제들은 그 후에 어떻게 되었을까? 잘살고 있을까? 혹시 시험에 들지는 않았을까? 시련과 고난을 겪으면서 마음에 상처를 받고 신앙을 버린 것은 아닐까?' 이런 염려로 인한 불타는 긴장감이 바울에게 있었습니다. 이것은 자식을, 특히 병든 자식을 둔 부모의 마음과도 같습니다. 그리고 이런 애틋한 마음이 바로 하나님의 마음입니다.

그래서 그는 바나바에게 형제들을 방문하기 위해 다시 떠나자고 제안했습니다. 바울은 "나는 지금처럼 잘사는 것이 불편해서 못살겠습니다. 형제들이 궁금해서 견딜 수가 없습니다"라고 말한 것입니다. 행복하게 사는 것을 오히려 불편하게 여기는 사람이 있습니다. 먹을 것도 있고 집도 있고 직업도 좋고 존경도 받고 사랑도 받고 인기도 있는데, 그것이 왠지 불편하게 여겨지는 것입니다. 그리고 자기는 어딘가로 가야 할 것 같다는 생각으로 꽉 차 있습니다. 바울이 바로 그런 사람이었습니다. 얼마든지 잘살 수 있고 얼마든지 누리며 살 수 있는데 그것을 행복하게 생각하지 않은 겁니다. 왜 그렇습니까? 그 사람 안에 목자의 심정이 있었기 때문입니다. 그래서 가난한 데로, 험한 데로 뛰어드는 것입니다. 그곳에 가면 덜 입고 덜 먹지만 오히려 더 행복합니다. 이런 사람이 바로 사도 바울입니다.

3차 전도여행은 에베소에서 시작되었습니다. 이 여행에서 우리는 두 가지 중요한 사건을 볼 수 있습니다. 첫째는 성령 세례를 베푼 것입니다. 성령의 능력을 체험하고, 성령의 충만을 경험하는 일이 에베소 성도들한테서 일어났습니다. 그들은 구원받은 사람들입니다. 예수님을 잘 아는 사람들입니다. 그러나 그들은 구원받은 것으로 만족하지 않고, 성령의 충만함과 성령 세례와 성령의 기름 부으심을 더했습니다.

성령 세례가 베풀어졌을 때 방언도 하고, 예언도 하고, 능력도 받았습니다. 그 무리는 열두 명쯤 되는 소수였습니다. 다수가 세상을 변화시키는 것이 아닙니다. 언제나 소수가, 헌신된 소수가 세상을 변화시킵니다. 오늘날 교회에 사람이 없어서 세상이 변하지 않는 것이 아니라 헌신된 소수가 없어서 세상이 변하지 않는 것입니다.

둘째는 새로운 전략이 등장한 것입니다. 그것을 가리켜 우리는 '두란노서원 사역'이라고 말합니다. 사도 바울은 두란노에서 장소를 빌려 성령 세례를 받은 능력 있는 소수의 무리를 2년 동안 집중적으로 제자 훈련을 시켰습니다. 그 결과는 아주 놀라웠습니다.

이와 같이 주의 말씀이 힘이 있어 흥왕하여 세력을 얻으니라. 행 19:20

이처럼 말씀에는 힘이 있습니다. 훈련하면 힘이 생기고, 말씀으로 힘이 생기면 부흥이 일어납니다. 영적 부흥은 많은 사람에게 변화와 영향력을 가져다줍니다.

∷ 세계를 봅니다

2년이 지난 후 사도 바울의 마음속에는 한 가지 생각이 고개를 들기 시작했습니다. 그리고 그 생각이 그의 마음을 사로잡았습니다. 그것은 당시 세계의 중심인 로마를 보아야겠다는 생각이었습니다.

이 일이 있은 후에 바울이 마게도냐와 아가야를 거쳐 예루살렘에 가기로 작정하여 이르되 내가 거기 갔다가 후에 로마도 보아야 하리라

하고 자기를 돕는 사람 중에서 디모데와 에라스도 두 사람을 마게도
냐로 보내고 자기는 아시아에 얼마 동안 더 있으니라. ^{행 19:21-22}

바울은 마게도냐, 아가야를 거쳐서 예루살렘으로 가겠다는 계획
을 세웁니다. 이 계획은 '로마를 보고 싶다. 로마로 가고 싶다'라는
생각 때문에 생겨났습니다. 그는 로마에 대해 눈을 뜨기 시작한 것
입니다.

어떤 의미에서 인생은 눈을 뜨는 것입니다. 우리가 어렸을 때 보
았던 세계와 깨달았던 세계는 작았습니다. 눈이 감겨져 있었기 때문
입니다. 그러나 어른이 되면서 눈이 떠집니다. 자신에게 눈을 뜨기
시작하고, 사랑에 눈을 뜨기 시작합니다. 어떤 사람은 돈에 눈을 뜨
기도 하고, 성공에 눈을 뜨기도 합니다.

사도 바울은 하나님에 대해 눈을 떴습니다. 그는 영혼에 대해 눈
을 떴던 것입니다. 이런 눈뜨는 작업은 2차 전도여행 때부터 시작되
었습니다. 1차 전도여행 때는 잘 몰랐습니다. 그는 예루살렘을 떠나
안디옥으로 갔고, 안디옥에서 성령의 음성을 듣고 바나바와 함께 전
도여행을 떠났습니다. 불이 붙는 것처럼 기적과 능력이 나타났습니
다. 물론 충돌도 있었습니다. 1차 전도여행을 마치고 2차 전도여행
을 다시 떠나려고 계획할 때부터 뭔가 삐걱거리기 시작했습니다. 계
획대로 일이 진행되지 않았습니다.

가장 먼저 의견 충돌이 일어나서 바나바와 싸우게 되었습니다.
사도 바울은 그렇게 훌륭하고 존경스러운 바나바와 헤어졌고, 전도

도 서로 다른 곳에서 하게 됐습니다. 둘이 남북으로 갈라집니다. 바울은 실라와 함께 중앙아시아와 소아시아 지역으로 갔습니다.

2차 전도여행에서도 1차 전도여행처럼 똑같은 기적과 능력과 역사가 나타났습니다. 그러던 어느 날 밤 하나님의 성령이 환상 가운데 사도 바울에게 나타나서 아시아 전도를 멈추라고 말합니다. 여기에서 또 계획이 바뀝니다. 생각지도 못한 일이 생겨났던 것입니다. 하나님의 성령은 그에게 마게도냐 사람을 보여 주면서 그곳으로 가라고 하셨습니다. 사도 바울은 고민하기 시작합니다. 그러나 고민보다는 순종을 택합니다. 그는 드로아에서 배를 타고 에게 해를 건너 유럽 쪽으로, 마게도냐 쪽으로 건너갑니다. 무슨 일이 있는지, 왜 가라고 하시는지 전혀 알 수 없었지만 그는 말씀에 순종했습니다.

그때부터 사도 바울은 눈뜨게 되었습니다. 우리의 계획이 어긋나고 있을 때, 그것은 일이 잘못되고 있는 것이 아니라 오히려 하나님에 대해 눈을 뜨게 하시려는 그분의 섭리일 수도 있습니다. 새로운 것을 보라는, 기존의 틀에서 새로운 틀로 바꿔 보라는 하나님의 사인일 수도 있습니다.

하나님은 예루살렘만 보여 주기를 원치 않으셨습니다. 안디옥만 보여 주기를 원치 않으셨습니다. 아시아만, 한국만, 북한만 보여 주기를 원치 않으십니다. 하나님은 우리에게 전 세계를 보여 주길 원하십니다. 하나님은 우리가 눈뜨기를 기다리고 계십니다. 눈을 뜨지 않았을 때 하나님은 우리를 자극하십니다. 우리가 있는 자리를 흔들어 놓으십니다. 그리고 세계를 보도록 만드십니다.

어떤 면에서 세계화의 원조는 사도 바울이라고 말할 수 있습니다. 바울은 세계화에 눈떴습니다. 아니 사실은 바울이 아니라 성령께서 그렇게 하신 것입니다. 우리는 하나님의 백성입니다. 우리가 하나님의 백성이라면 하나님의 세계를 가져야 합니다. 하나님의 마음은 한 곳에 계시지 않고 온 우주에 충만하십니다. 그래서 그리스도인을 가리켜 '월드 크리스천(World Christian)'이라는 말을 쓰는 것입니다. 물론 우리에게는 민족도 있고 국경도 있지만, 그리스도인은 민족과 국경을 초월한 하나님 나라의 백성이기 때문입니다.

빌립보에 도착한 바울은 새로운 세계와 접촉하게 됩니다. 데살로니가와 베뢰아를 거치면서 그는 드디어 당대의 문화와 종교와 철학의 중심지였던 아테네의 문화를 접하게 됩니다. 여기서 사도 바울은 문학과 철학과 종교에 대해 눈을 더욱 크게 뜹니다.

그리고 아테네를 거쳐 고린도 지역으로 가게 됩니다. 고린도 지역은 소위 상업 지역이요, 무역의 중심지였습니다. 그는 이곳에서 상업에 대해 눈을 뜹니다. 그리고 물론 그곳에서도 복음을 증거합니다.

고린도를 거치면서 그는 에베소라는 또 다른 문화의 중심지로 가게 됩니다. 그리고 에베소에서 두란노서원이라는 곳을 중심으로 2년 동안 제자 훈련 사역을 합니다. 그 후 그는 또 다른 생각을 갖게 됩니다. 바로 로마를 보아야겠다는 것입니다.

　그런데 바울은 왜 로마를 보아야겠다고 생각했을까요? 당시 로마는 세계의 중심이었고, 복음이 세계 중심을 강타해야만 했습니다. 사도 바울은 꿈을 가지게 되었습니다. 환상을 가지게 되었습니다. 비전을 가지게 되었습니다.

　사도 바울이 로마를 봐야겠다는 말 속에는 어떤 의미가 있습니까? 두 가지를 생각할 수 있습니다. 첫째, 로마를 봐야겠다는 것은 바울의 생각이 아니라 성령님의 생각이라는 것입니다. 성경을 보면 "오직 성령이 너희에게 임하시면 너희가 권능을 받고 예루살렘과 온 유대와 사마리아와 땅 끝까지 이르러 내 증인이 되리라 하시니라"(행 1:8)고 했습니다.

　성령받은 사람에게는 분명한 비전이 있습니다. 만약 우리가 성령을 체험하고 성령의 능력을 경험했다고 하면서도 아직 복음을 갖지 못한 곳을 향한 비전이 없다면 그것은 가짜일 수 있습니다. 정말로 성령을 받았다면, 성령을 경험했다면 그분의 생각을 하게 될 것입니다.

　그리스도인은 어떤 일을 할 때 성취감이 아니라 주님의 관심에 초점을 맞춰야 합니다. 교회 자체가 관심의 대상이 되면 안 됩니다. 교회는 주님의 명령 때문에 존재하는 것입니다. 그 명령을 이루기 위해 우리가 여기 있는 것입니다. 그러나 사람들은 종종 그 명령에는 관심이 없고, 주어진 일에만 관심을 갖습니다. 많은 선교사가 선교 단체에 관심을 갖습니다. 그러나 선교 단체가 중요한 게 아니라 선교가 중요한 것입니다. 우리는 자주 이런 실수를 범합니다. 조직에 얽매이고, 제도에 얽매입니다. 그 일에 빠져 버리는 것입니다. 그리고 그 일에 인생을 겁니다. 나는 조직과 제도, 일에 인생을 걸지 않기를 바랍니다. 우리의 인생을 걸면 걸수록 불행해지고 나중에는 상처 받게 됩니다. 그러나 우리가 제도나 방법, 사람, 일이 아니라 주님에 대해서만, 그분의 명령에 대해서만 관심을 갖게 된다면 우리는 자유하게 될 것입니다.

둘째, 사도 바울이 로마까지 가겠다는 것은 무엇을 의미합니까? 그것은 로마라는 장소는 중요하지 않다는 뜻입니다. 바울이 로마를 보아야겠다고 말했을 때 우리는 로마 자체를 중요하게 생각할 수도 있습니다. 그러나 사도 바울의 진짜 마음은 그게 아닙니다. 로마가 중요한 것이 아니라 로마까지라도 가겠다는 뜻입니다. 그 말은 로마에서의 사역이 끝나면 로마보다 더한 곳이라도 갈 수 있다는 것을 뜻합니다. 이것은 굉장히 중요한 이야기입니다.

> 그러므로 또한 내가 너희에게 가려 하던 것이 여러 번 막혔더니 이제는 이 지방에 일할 곳이 없고 또 여러 해 전부터 언제든지 서바나로 갈 때에 너희에게 가기를 바라고 있었으니 이는 지나가는 길에 너희를 보고 먼저 너희와 사귐으로 얼마간 기쁨을 가진 후에 너희가 그리로 보내주기를 바람이라. **롬 15:22-24**

이 말씀을 보면 사도 바울의 관심은 로마가 아니라는 사실을 알 수 있습니다. 바울은 스페인으로 가려고 했습니다. 스페인이 좋은 곳인지 나쁜 곳인지 알 수 없지만, 그곳이 어떤 곳이라도 소위 세상의 끝일지라도 복음을 위해 가겠다는 것입니다.

다시 말해 사도 바울에게는 어디로 가느냐가 중요하지 않았습니다. 그는 언제든지 모든 것을 포기하고 훌쩍 떠날 수 있는 사람이었습니다. 그런 사람이 복음을 가진 사람입니다. 복음을 가진 사람은 미련이 없습니다. 사람, 장소, 집, 자신의 위치에 대해서도 미련이 없습니다. 어떤 사람은 사무실에서 의자만 조금 움직여도 난리를 칩니다. 왜 그렇습니까? 장소와 일을 중요하게 생각하기 때문입니다. 그러나 우리에게는 일이나 장소가 중요하지 않습니다. 예수님이 중요합니다. 하라고 하시면 하고, 가라고 하시면 가고, 가지 말라고 하시면 가지 않으면 됩니다. 이들이야말로 그리스도의 사람입니다.

꿈, 비전은 하나님이 주신 것을 우리가 품는 것입니다. 우리가 만든 꿈은 하나님이 주신 것이 아닙니다. 그것은 자기 환상, 자기 미련입니다. 일은 될 수도 있고, 되지 않을 수도 있습니다. 하나님이 원하시면 훌쩍 떠날 수도 있어야 합니다. 사도 바울이 그랬습니다. 2년 동안 두란노서원을 통해 복음 사역에 심혈을 기울였던 사도 바울이지만, 그는 미련 없이 떠날 수 있었습니다. 주님이 중요하기 때문입니다. 또한 하나님이 주신 꿈은 이 땅에서만 가지는 것이 아닙니다. 그것은 우리가 죽은 후에도 가져갈 수 있는 꿈인 것입니다.

:: 스스로 선택해 대가를 치러야 합니다

그 날 밤에 주께서 바울 곁에 서서 이르시되 담대하라 네가 예루살
렘에서 나의 일을 증언한 것 같이 로마에서도 증언하여야 하리라
하시니라. 행 23:11

사도 바울에게는 분명한 것이 하나 있었습니다. 그것은 바로 로
마를 보기 전에는 죽지 않는다는 것입니다. 열흘 동안 유라굴로 광
풍이 있었어도 그는 죽지 않았습니다(행 27:14). 그 이유가 무엇입니
까? 하나님이 그렇게 말씀하셨기 때문입니다. 반드시 로마에 가도
록 하겠다고 말씀하셨기 때문입니다.

지금 어떤 꿈을 가졌습니까? 앞으로 몇 년을 더 살 수 있다고 생
각합니까? 이 땅에서 살아 숨 쉬는 동안 우리가 가져야 할 꿈은 무엇
입니까? 무엇을 위해 살아야 합니까? 먹고 입고 자는 것은 기본입
니다. 그런데 우리는 이 문제에 너무 얽매여 살고 있습니다. 월급이
조금 오르면, 집 한 칸 장만하면 좋아서 잠을 못 이룰 정도입니다. 그
런데 과연 이런 것이 당신의 꿈입니까? 자신의 인생, 젊음, 청춘, 모
든 지혜와 지식과 경험을 다 쏟아 부어 이루고 싶은 야망이 무엇입
니까? 당신은 현실의 고난을 위해 사는 사람입니까, 아니면 미래의
꿈을 위해 사는 사람입니까?

어떤 의미에서 볼 때 미래도 없이 꿈도 없이 그날그날 살아가는 사
람이 가장 비참한 사람입니다. 우리는 주님을 위해 꿈을 꾸어야 합니

다. 주님이 주신 꿈을 가져야 합니다. 그 꿈을 위해 굶어도 보고, 욕도 먹어 보고, 매도 맞아 보고, 손해도 볼 수 있는 영광이 있어야 합니다. 그것이 바로 인간이 하나님의 자녀로서 사는 보람입니다. 세상에서 가장 안타까운 사람은 한 번도 손해를 보지 않는 사람, 언제나 자신의 이익만 챙기며 사는 사람입니다. 손해를 보지 않으면 은혜도 없습니다. 우리가 손해를 보지 않으면 누군가 은혜를 받을 수 없습니다. 예수님이 십자가에 못 박혀 죽으셨기 때문에 우리가 구원받은 사실을 잊어선 안 됩니다.

꿈은 꿈이고, 현실은 현실입니다. 이런 꿈을 가진 바울에게 현실은 항상 멋지고 좋은 것만은 아니었습니다. 언제나 그 주변은 소용돌이치고 있었고, 갈등과 괴로움뿐이었습니다.

그 때쯤 되어 이 도로 말미암아 적지 않은 소동이 있었으니. 행 19:23

바울의 복음 전도로 큰 소동이 일어났습니다. 그 소동은 데메드리오라고 하는 은 세공업자 때문이었습니다. 그는 많은 직공을 데리고 아데미 신상을 만드는 사람이었습니다. 해마다 오월이면 아데미 신을 위한 축제가 열렸는데 축제가 되면 많은 사람이 와서 신상을 사기 때문에 그들은 그것을 팔아 부유한 생활을 했습니다. 그런데 바울이 전한 복음으로 이 사업이 망하게 되었습니다. 아데미 신상의 위엄이 떨어지게 되었고, 자신들의 직업도 천하다고 여김받게 될 위험에 처했습니다.

그래서 그들은 분노했고, 순식간에 온 성이 소동으로 술렁였습니다. 그들은 "에베소 사람들의 아데미 여신은 위대하다!"라고 외치며 사람들을 선동했습니다. 그리고 바울을 따라다니는 두 사람을 잡아서 두란노서원에서 1천 미터쯤 떨어져 있는 연극장으로 데리고 갔습니다. 사람들도 몰려갔습니다. 사도 바울은 괴로웠습니다. 자기를 따르며 복음 사역을 같이하던 두 사람이 잡혀 갔고, 자신으로 인해 많은 사람이 어려움을 겪게 되었기 때문입니다. 그래서 그는 그곳으로 뛰어가서 변론하고 싶었지만, 다른 그리스도인들과 제자들이 말렸습니다.

우리는 여기서 복음을 전하는 것은 낭만이 아니라는 사실을 깨닫게 됩니다. 꿈을 가진 사람에게는 고난이 따른다는 사실도 깨닫게 됩니다. 당신은 하나님이 주신 비전을 선택하겠습니까, 안락한 생활을 선택하겠습니까? 모든 것이 안정되고 편안하고 부족함이 없는 삶을 원합니까, 아니면 고난이 있고 배고픔이 있고 속상한 것이 있다 하더라도 예수님 때문에 위대한 꿈을 가지는 삶을 원합니까?

위대한 꿈을 갖고 편안하게 사는 사람은 없습니다. 위대한 꿈, 성령의 꿈, 하나님의 꿈을 가진 사람은 반드시 대가를 치러야 합니다. 자기를 부인하고 자기 십자가를 지고 주님을 따라가야 합니다. 비전을 가진 사람, 꿈을 가진 사람은 무언가를 잃게 됩니다. 건강을 잃든지, 세상적인 성공을 잃게 됩니다. 즉 대가를 치러야 합니다. 그러나 그 대가를 억울하다는 생각으로 치러서는 안 됩니다. 기쁘고 영광스럽게 생각하고 스스로 선택해야 합니다.

::: 깨어 있어야 합니다

> 유대인들이 무리 가운데서 알렉산더를 권하여 앞으로 밀어내니 알
> 렉산더가 손짓하며 백성에게 변명하려 하나 그들은 그가 유대인인
> 줄 알고 다 한 소리로 외쳐 이르되 크다 에베소 사람의 아데미여 하
> 기를 두 시간이나 하더니. 행 19:33-34

알렉산더라는 사람이 나타나서 대중을 설득하려고 했는데, 유대
인이라는 이유로 사람들의 야유를 받았습니다. 그들은 "에베소 사
람들의 아데미 여신은 위대하다!"를 두 시간 동안이나 외쳤습니다.
여기서 우리는 중요한 하나의 메시지를 발견합니다. 그것은 사도 바
울이 행한 2년간의 두란노서원 사역이 그 도시 전체의 뿌리를 흔들
만큼 영향력을 끼쳤다는 것입니다. 영적 영향을 준 것입니다. 교회
의 크기는 중요하지 않습니다. 몇 명이 모이는가도 중요하지 않습니
다. 과연 우리 교회가 세상의 뿌리를 뒤흔들 만한 영적 영향력을 갖
고 있느냐가 중요합니다. 교회를 몇 년 다녔느냐, 집사냐, 권사냐,
장로냐, 목사냐는 중요하지 않습니다. 우리의 생애가 얼마만큼의 영
향력을 줄 수 있느냐가 중요합니다. 지금 다니는 직장이나 캠퍼스를
얼마만큼 흔들 수 있습니까? 오늘날 교회가 그렇게 많고, 그리스도
인이 그렇게 많아도 세상은 조금도 움직이지 않습니다. 얼마나 대조
적입니까?

자, 우리는 하나의 사건을 보았습니다. 수많은 사람이 모여 두 시

간 동안이나 그렇게 흥분하고 난리를 칠 만큼 그 사회를 흔들어 놓은 사건이었습니다. 이것이 영적 영향력입니다. 영적인 힘입니다. 사람을 바꾸고, 세상을 바꾸고, 한 문화를 통째로 바꿀 수 있는 영적 영향력인 것입니다.

요한계시록에 보면 에베소에 대한 이야기가 잠깐 나옵니다. 에베소 교회는 칭찬받을 만한 일을 많이 했습니다. 그들에게는 믿음의 행위가 있었고, 사랑의 수고가 있고, 소망의 인내가 있었습니다. 그리고 에베소 교회는 이단에도 잘 대처했습니다. 이단에 유혹되지도 않았습니다. 그들은 게으르지도 않았습니다. 열심을 품어 주님을 섬겼던 아주 귀한 교회였습니다. 그러나 에베소 교회를 책망할 것이 하나 있다고 했습니다. 그것은 첫사랑을 잊어버린 것입니다.

> 그러나 너를 책망할 것이 있나니 너의 처음 사랑을 버렸느니라 그러므로 어디서 떨어졌는지를 생각하고 회개하여 처음 행위를 가지라 만일 그리하지 아니하고 회개하지 아니하면 내가 네게 가서 네 촛대를 그 자리에서 옮기리라. 계 2:4-5

"그 첫사랑을 어디서 잊어버렸는지 회개하라"는 말씀입니다. 어려움과 핍박이 있을 때는 하나가 됩니다. 고난을 겪을 때는 사랑이 있습니다. 그러나 부요해지고 모든 것이 잘되면 섭섭한 게 많아지고, 여러 가지 불필요한 일이 생깁니다. 그로 인해 그동안 받았던 축복을 다 쏟아 버리게 되는 것입니다. 이것이 에베소 교회의 모습이었습니다.

때때로 온누리교회를 생각하면서 이런 위험성을 느낍니다. 온누리교회는 이제 안정권에 들어갔습니다. 헌금도 잘하고, 교회 건축도 했고, 이제는 누가 봐도 초창기의 고생하던 모습을 찾아볼 수 없습니다. 그러나 이 시점에서 위기가 생겨날 수 있습니다. 조심해야 합니다. 겸손해야 합니다. 나 자신이 깨어 각성하고, 시험에 들지 말고, 첫사랑을 지켜야 합니다. 만약 첫사랑을 지키지 못한다면 지금 터키에 남아 있는 그 황량한 에베소 교회처럼 되어 버리고 말 것입니다. 부디 주님이 오실 때까지 이 첫사랑을 잃지 않는 교회가 되기를 바랍니다.

멈춰 서 있을 수 없는
하나님의 열정

하나님은 이방인을 구원하기 위해 이스라엘을 희생시키셨습니다. 희생시켰기 때문에 하나님의
마음은 이스라엘을 볼 때마다 아프신 것입니다. 따라서 이스라엘이 회복되기를 원하십니다. 이
스라엘은 자체 힘만으로는 회복될 수 없습니다. 이방인이 스스로의 힘으로 구원받을 수 없었기
때문에 유대인을 통하여 구원을 얻었듯이, 이스라엘은 우리를 통해 구원받을 것입니다.

열방을 향한
비전을 품어야 합니다

하나님이 역사하시면 교회도, 기업도, 우리의 가정도 부흥하게
됩니다. 찾아오는 사람이 너무 많아서 발 디딜 틈조차 없게 될
것입니다. 죽었던 사람이 살아나고, 잃었던 사람이 돌아오고,
병들었던 사람이 치유되고, 포기했던 사람이 돌아오는 역사가
일어날 것입니다.

∷ 과거와 단절하고 미래로 나아가야 합니다

   햇빛이 들어오지 않는 캄캄한 지하실 방에 살면 습기 때문에 눅눅
해서 여기저기 곰팡이가 피고, 갖가지 병균이 득실거리고, 두꺼운
먼지가 쌓이게 됩니다. 그런 방에 창문이 생겨 신선한 공기가 들어
오고 햇빛이 들어오면 눅눅하던 방이 뽀송뽀송해지고, 곰팡이가 사
라지고, 더러운 것이 드러나 깨끗하게 청소해서 살기에 쾌적한 방이
될 것입니다.

   이런 일이 이사야서 60장에서 일어났습니다. 이스라엘은 포로 생
활 중 말할 수 없는 고통 속에서 살았습니다. 그런데 고통 중에 있던
이스라엘 백성에게 갑자기 빛이 나타났습니다. 이스라엘은 환희와

감격 가운데 새롭게 회복된 시온의 영광을 시적으로 표현합니다.

일어나라 빛을 발하라 이는 네 빛이 이르렀고 여호와의 영광이 네
위에 임하였음이니라.사 60:1

어둠에 둘러싸였던 이스라엘에 하나님의 영광이 비치기 시작하
더니 모든 어둠이 사라지고 밝은 빛 앞에 만물이 드러납니다. 꽃은
생기를 얻고 만물이 활력을 얻는데, 이것이 빛의 힘입니다.

우리의 힘만으로 스스로를 밝힐 수는 없습니다. 그런데 어느 날
온갖 갈등과 절망, 어둠이 짙게 깔려 있던 우리 인생에 빛이 들어왔
습니다. 이 빛이 들어와서 점점 환하게 내면세계를 비추자 인생이
달라지기 시작했습니다.

"그 안에 생명이 있었으니 이 생명은 사람들의 빛이라"(요 1:4). 예
수 그리스도는 생명이시고 예수님을 믿는다는 것은 "그분 안에 있
는 생명이 우리 안으로 들어온다"는 뜻입니다. 그래서 그분을 만나
면 희망이 싹트고 생기가 돌고 기쁨이 솟아나고 얼굴에 웃음이 가득
하게 됩니다. 예수님은 빛이기 때문입니다. 여기서 빛은 "하나님의
영광"입니다. 이 거룩한 영광의 빛이 내면세계를 비추면 우리 인생
이 한순간에 바뀌는 것을 경험합니다. 예수님은 자신을 "세상의
빛"이라고 말씀하셨습니다(요 8:12).

이 빛이 비치면 우리에게 무슨 일이 일어날까요?

보라 어둠이 땅을 덮을 것이며 캄캄함이 만민을 가리려니와 오직 여호와께서 네 위에 임하실 것이며 그의 영광이 네 위에 나타나리니. 사 60:2

하나님의 이름을 부를 때, 하나님의 은총을 생각할 때 그분의 영광이 우리 위에 나타납니다. 여호와의 영광이 비칠 때 우리는 하나님의 영광 가운데로 나와야 합니다. 그러면 우리 안에 있던 모든 어둠의 세력, 죽음의 세력, 저주의 세력, 고통의 세력, 절망의 세력 등이 순식간에 사라집니다.

어둠, 좌절, 절망이 문제가 아니라 희망, 빛, 꿈이 없다는 것이 문제입니다. 희망과 꿈과 미래와 축복이 있다면 절망과 실패는 아무 문제가 되지 않습니다. 우리는 자신 안에 담긴 부정적인 생각이나 패배주의적 생각을 단호하게 끊어야 합니다. 과거와 단절해야 합니다. 과거와 단절하지 않으면 미래로 나아갈 수가 없습니다. 마귀는 열등감과 좌절감을 심어 주기 위해 끊임없이 우리를 따라다닙니다. 그럴수록 우리는 예수님 앞으로 나와야 합니다. 그러면 우리 인생이 달라지기 시작합니다.

하나님의 영광을 나타내는 빛이 내려오면 우리 안에 빛이 생기고, 빛이 생기면 어둠이 사라집니다. 그러면 "나라들은 네 빛으로, 왕들은 비치는 네 광명으로 나아오리라"(사 60:3)는 말씀처럼 주변 사람이 우리에게로 몰려오기 시작합니다.

하나님의 영광을 나타내는 빛이 이스라엘에 비치면 열방의 모든 나라와 왕이 이스라엘에게로 돌아온다고 했습니다. 이스라엘을 비춘 하나님 영광의 빛 때문입니다. 이때 사람만 몰려오는 게 아니라 물질도, 축복도, 건강도 따라오게 됩니다. 이 모든 것이 빛을 따라 몰려올 것입니다.

우리의 귀에 축복의 소리가 들리기를 바랍니다. 봄이 오면 봄의 소리가 들려오듯 빛이요, 소망이신 하나님 예수 그리스도께서 오시면 우리의 미래가 보입니다. 하나님의 영광 가운데 환상을 보고, 축복의 소리를 듣고, 긍정적인 소리를 듣고, 우리의 미래를 환히 내다볼 수 있습니다. 이런 사람은 원하는 대로 일이 술술 풀리는데, 빛이 있기 때문입니다.

축복을 받겠다고 아무리 아우성을 쳐 봐야 축복이 오지 않습니다. 하나님의 영광이 있어야 축복이 따라옵니다. 그러므로 축복을 받기 위해서는, 성공하기 위해서는, 건강해지기 위해서는 오직 하나님을 붙잡아야 합니다. 그래야 이 모든 것이 우리를 따라옵니다.

> 네 눈을 들어 사방을 보라 무리가 다 모여 네게로 오느니라 네 아들들은 먼 곳에서 오겠고 네 딸들은 안기어 올 것이라. 사 60:4

우리 모두 이런 환상을 보게 되길 바랍니다. 눈을 감으면 사람들이 떼로 몰려오고, 아들과 딸이 다시 하나님의 품으로 돌아오는 환상이 보입니다.

영광의 빛이 비치면 사방에서 사람들이 몰려옵니다. 지난 2007년

8월 도쿄 사이타마에 2만 명이 모였습니다. 그중 4분의 1은 예수님을 믿지 않는 사람들이었습니다. 교회도 출석하지 않는 사람들이 무슨 이유로 그곳까지 왔겠습니까? 센다이의 경우 기독교 모임 중 가장 많이 모인 수가 500명이었다고 합니다. 2,500석의 회관을 빌리자 일본 목사님들은 겁에 질린 표정이었습니다. 그런데 모임 시간이 되자 사람들이 그 회관을 가득 채웠습니다. 그 사람들이 다 어디서 왔겠습니까? 하나님이 보내 주신 사람들입니다.

⠿ 열방에서 사람들과 축복이 몰려오는 환상을 품어야 합니다

환상도 꿈도 없는 사람은 인생이 지루합니다. 현재 자신이 하는 일이 고통스럽고 어렵다 할지라도 계속 밀고 나가면 열방에서 사람들과 축복이 몰려오는 환상을 품어야 합니다. 이런 관점에서 우리나라는 아직 희망이 있습니다. 우리 민족이 하나님을 신뢰하기 때문입니다. 환상이 있으면 세상은 달라집니다. 환상이 있으면 얼굴이 상기되고 흥분된 표정을 감출 수가 없습니다. 그곳에 감동이 있기 때문입니다.

> 그 때에 네가 보고 기쁜 빛을 내며 네 마음이 놀라고 또 화창하리니 이는 바다의 부가 네게로 돌아오며 이방 나라들의 재물이 네게로 옴이라. 사 60:5

산 정상에 오르거나, 밤하늘의 반짝거리는 별들을 보면 가슴이 두근거립니다. 이것은 살아 있다는 증거입니다. 예수님을 믿는 것도 이와 같습니다. 하나님을 생각하면 가슴이 두근거리고, 그분이 주신 영광과 꿈과 비전을 보면 미래가 보이고, 사람들이 몰려오는 환상이 보입니다. 이때는 사람만 몰려오는 것이 아니라 재물도 같이 몰려옵니다. 영광과 성공과 축복이 같이 따라옵니다.

> 허다한 낙타, 미디안과 에바의 어린 낙타가 네 가운데에 가득할 것이며 스바 사람들은 다 금과 유향을 가지고 와서 여호와의 찬송을 전파할 것이며.사 60:6

하나님께 나올 때 사람들은 빈손이 아니라 금과 유향을 가져오고 낙타 떼를 몰고 어린 낙타까지 데리고 그 땅을 밟는다고 했습니다. 하나님은 축복을 주실 때 몰아서 곱절로 주십니다. 우리가 특별히 한 일도 없는데 사업이 잘되고, 인간관계가 좋아지고, 축복이 쏟아지게 됩니다.

우리는 성공해야 합니다. 건강해야 합니다. 풍요롭게 살아야 합니다. 이것은 하나님을 믿는 사람들이 누려야 할 당연한 축복입니다. 부자가 되는 것만이 축복은 아니지만, 축복을 받으면 부요해집니다. 그리고 몸이 건강해지고, 모든 것이 형통하게 됩니다.

> 내가 노하여 너를 쳤으나 이제는 나의 은혜로 너를 불쌍히 여겼은

즉 이방인들이 네 성벽을 쌓을 것이요 그들의 왕들이 너를 섬길 것이며.사 60:10

하나님은 한때 노여움으로 치셨지만 지금은 은혜의 때입니다. 과거는 흘러갔고 이제는 은혜의 때가 되었습니다. 하나님은 우리에게 영광의 빛을 주셔서 우리 인생을 통째로 바꾸겠다고 말씀하셨습니다. 우리가 노력해서 인생이 바뀌는 게 아니라 하나님께서 바꾸시겠다는 것입니다.

네 성문이 항상 열려 주야로 닫히지 아니하리니 이는 사람들이 네게로 이방 나라들의 재물을 가져오며 그들의 왕들을 포로로 이끌어 옴이라 너를 섬기지 아니하는 백성과 나라는 파멸하리니 그 백성들은 반드시 진멸되리라.사 60:11-12

성문이 밤낮으로 닫히지 않고 언제나 열려 있듯 축복의 문은 항상 열려 있습니다. 그러나 12절을 보면 "너를 섬기지 아니하는 백성과 나라는 파멸하리니"라고 했습니다. 축복은 모든 사람에게 주어지지 않습니다. 그런 의미에서 사랑은 편애입니다. 이것을 말로 자세하게 설명할 수 없지만 걱정할 필요는 없습니다. 우리는 선택받았기 때문입니다.

하나님이 아브라함에게 "너를 축복하는 자에게는 내가 복을 내리고 너를 저주하는 자에게는 내가 저주하리니 땅의 모든 족속이 너로 말미암아 복을 얻을 것이라"(창 12:3)고 약속하셨듯이 그분은 우리를 선택하셨고 축복하시길 원합니다. 이런 축복은 하나님을 섬김으로써 나타납니다.

다음 성경 말씀의 처음 구절은 우리의 궁극적인 목표이고, 두 번째 구절은 결론입니다.

> 레바논의 영광 곧 잣나무와 소나무와 황양목이 함께 네게 이르러 내 거룩한 곳을 아름답게 할 것이며 내가 나의 발 둘 곳을 영화롭게 할 것이라 너를 괴롭히던 자의 자손이 몸을 굽혀 네게 나아오며 너를 멸시하던 모든 자가 네 발 아래에 엎드려 너를 일컬어 여호와의 성읍이라, 이스라엘의 거룩한 이의 시온이라 하리라. 사 60:13-14

성령의 감동으로 우리 마음속에 이 같은 비전이 잉태되고 보이기를 바랍니다. 이는 여호와 하나님이 주시는 영광의 축복입니다.

∷ 회복이 일어나면 떠났던 사람이 돌아옵니다

성령의 역사는 바람과 같습니다. 가을바람이 불면 깊은 산속의 나뭇잎이 빨갛게 물들기 시작하듯 바람이 불면 모든 것이 순식간에 바뀝니다. 또한 성령의 역사는 끌 수 없는 불, 멈출 수 없는 불과 같습니다. 은혜는 노력해서 얻을 수 있는 것이 아니라 바람이 불고 불이 쏟아져서 우리에게 주어지는 것입니다.

오순절 마가 다락방에서 120명의 사람이 성령 체험을 했습니다. 그들 중에는 믿음은 없지만 호기심이 많아 따라온 사람도 있었을 것입니다. 그러나 다락방에 들어온 사람 모두가 성령의 불과 바람을 경험했습니다.

이사야 49장을 보면 성령의 바람이 불고 성령의 불이 임한다는 예언이 나타납니다. 바벨론에서 포로 생활을 하던 이스라엘 백성에게는 사는 게 고통 그 자체였습니다. 당시에는 어느 누구도 행복하다고 말할 수 없었고, 기쁨이나 회복도 말할 수가 없었습니다. 하나님은 고통받고 눈물을 흘리고 신음하는 이스라엘 백성에게 희망과 회복을 주시고, 구원의 노래를 부를 수 있도록 비전을 주셨습니다.

이런 회복과 구원의 축제는 어떻게 일어났습니까? 여호와의 종, 메시아를 통해 일어났는데, 이사야 49장은 "여호와의 종과 회복"이라는 두 주제가 강물처럼 흐르고 있다고 했습니다. 이 회복은 돌아오는 것을 말합니다. 잃어버렸던 사람, 포기했던 사람, 잊혀졌던 사람, 멀리 있던 사람이 시온을 향하여 돌아오는 것이 바로 회복입니다. 이때 이방의 열왕도 돌아오고, 이방의 지도자와 관원들도 하나님 품 안으로 돌아옵니다.

가정을 떠났던 우리의 자녀도 속히 돌아오기를 바랍니다. 우리의 집안에 회복이 일어나면 자녀가 돌아오고 남편이 돌아오고 아내가 돌아오고 가정도 돌아옵니다. 잃어버렸던 우리 북한도 돌아올 줄로 믿습니다. 이 땅의 모든 미전도 종족도 회복의 그때에는 다 돌아올 줄로 믿습니다.

성경을 보면 "그들은 혹시 잊을지라도 나는 너를 잊지 아니할 것이라"(사 49:15)고 말씀하고, 그 다음 구절에서는 "내가 너를 내 손바닥에 새겼고", "네 자녀들은 빨리 걸으며"라고 말씀했습니다.

> 네 눈을 들어 사방을 보라 그들이 다 모여 네게로 오느니라 나 여호와가 이르노라 내가 나의 삶으로 맹세하노니 네가 반드시 그 모든 무리를 장식처럼 몸에 차며 그것을 띠기를 신부처럼 할 것이라 이는 네 황폐하고 적막한 곳들과 네 파멸을 당하였던 땅이 이제는 주민이 많아 좁게 될 것이며 너를 삼켰던 자들이 멀리 떠날 것이니라 자식을 잃었을 때에 낳은 자녀가 후일에 네 귀에 말하기를 이곳이 내게 좁으니 넓혀서 내가 거주하게 하라 하리니. 사 49:18-20

돌아오는 세 가지 모습이 나옵니다. 첫째, 단장한 신부처럼 아름다운 모습으로 온다고 했습니다. 둘째, 처음에는 땅과 집이 넓어 어떻게 다 채울 것인지 걱정했지만 어느 날 보니 자리가 없어 다 서 있을 정도로 비좁을 만큼 많이 온다고 했습니다. 셋째, 더 넓은 장소를 달라고 아우성을 칠 거라고 말씀합니다.

하나님이 역사하시면 교회도, 기업도, 우리의 가정도 부흥하게 됩니다. 찾아오는 사람이 너무 많아서 발 디딜 틈조차 없게 될 것입니다. 죽었던 사람이 살아나고, 잃었던 사람이 돌아오고, 병들었던 사람이 치유되고, 포기했던 사람이 돌아오는 역사가 일어날 것입니다.

하나님은 이스라엘 백성에게 이런 환상을 약속하셨는데, 이렇게 많은 사람이 돌아오는 것을 보면서 이스라엘은 세 가지 질문을 던집니다. 첫째, 우리는 해산할 능력이 없는데 이 사람들은 도대체 어디서 왔는가? 둘째, 우리는 포로로 끌려와 인생이 끝났다고 생각했는데 이 사람들은 누가 양육했단 말인가? 셋째, 우리만 홀로 살아남았다고 생각했는데 이 사람들은 어디에서 왔는가? 이런 질문을 할 정도로 하나님은 이들을 회복시켜 주셨습니다.

바벨론의 포로 생활 중 절망에 빠진 사람들에게 하나님이 회복을 주신 것처럼 우리 민족에게도 이런 회복을 주실 줄로 믿어야 합니다. 회복은 어떻게 해서 일어납니까? 성경을 보면 "주 여호와가 이같이 이르노라 내가 뭇 나라를 향하여 나의 손을 들고 민족들을 향하여 나의 기치를 세울 것이라 그들이 네 아들들을 품에 안고 네 딸들을 어깨에 메고 올 것이며"(사 49:22)라고 말씀했습니다. 하나님은 뭇 나라를 향해, 열방을 향해 손을 드신다고 했습니다. 그분이 손을 드시면 죽었던 사람이 살아나고 막혔던 것이 뚫리고 불가능한 것이 가능해집니다. 하나님은 뭇 나라를 향하여 손을 펴시고, 뭇 백성에게 기치를 세워 신호하신다고 했습니다. 시온에 하나님의 기치를 세울 때 마귀, 바벨론, 악한 세력이 물러가고 하나님의 백성이 아들들을 품에 안고, 딸들을 어깨에 메고 돌아올 것이라고 말씀합니다.

이 말씀을 보면 누가복음 15장의 아흔아홉 마리의 양을 우리에 두고 잃어버린 한 마리 양을 찾아 나선 목자의 비유가 떠오릅니다. 목자는 찾은 양을 끌고 돌아온 게 아니라 너무 기뻐서 어깨에 메고 돌아옵니다.

∴ 시온의 승리는 모든 이방인이 주님께 돌아오는 것입니다

하나님도 우리를 안고 메고 오실 것입니다. 이것이 회복입니다. 시온의 승리는 곧 모든 이방인이 주님 앞으로 돌아오는 것을 뜻합니다. 마지막 때에는 모든 족속, 모든 나라, 모든 백성, 모든 방언이 주님 앞으로 돌아옵니다. 선교를 일종의 침략으로, 잘못된 사회학적 관점으로 보는 사람이 있습니다. 이것을 "식민지 사관"이라고 하는데, 강대국이 약한 나라들을 침략하기 위해 선교를 이용했다고 비판합니다. 선교가 약소국가를 강탈하는 강대국의 횡포라고 말하는데, 결코 그렇지 않습니다. 이는 잘못된 해석이며, 인본주의적인 해석입니다. 선교는 침략이 아니라 하나님께 돌아오는 성령의 역사입니다.

하나님께서 손을 들어 기치를 세우면 떠났던 백성, 잃어버린 백성, 포기했던 백성이 다 돌아옵니다. 두 손을 들고 경배하면서 스스로 돌아옵니다. 당시 이사야가 보았던 이 환상은 먼 훗날 신약시대 교회의 확장을 보여 주는 것입니다. 성경에 보면 이런 환상이 기록되어 있습니다.

> 이 일 후에 내가 보니 각 나라와 족속과 백성과 방언에서 아무도 능히 셀 수 없는 큰 무리가 나와 흰 옷을 입고 손에 종려 가지를 들고 보좌 앞과 어린 양 앞에 서서 큰 소리로 외쳐 이르되 구원하심이 보좌에 앉으신 우리 하나님과 어린 양에게 있도다 하니. 계 7:9-10

주님이 다시 재림하는 그날에 모든 나라와 족속과 백성과 방언에서 셀 수 없는 큰 무리가 나와 흰 옷을 입고 종려 가지를 들고 어린 양 예수 그리스도와 하나님의 보좌 앞으로 찬양을 부르며 몰려올 것입니다. 이 얼마나 감동적인 환상입니까! 이것이 역사의 완성입니다. 우리 그리스도인은 이런 환상을 가져야 합니다.

> 내가 그들의 행위와 사상을 아노라 때가 이르면 뭇 나라와 언어가 다른 민족들을 모으리니 그들이 와서 나의 영광을 볼 것이며. 사 66:18

이는 이사야서의 결론입니다. 첫째, 하나님은 심판할 자를 심판하신다는 것입니다. 이것이 바로 "내가 그들의 행위와 사상을 아노라"는 말입니다. 하나님은 악한 사람들, 대적들의 행동과 생각을 알고 계십니다. 여기서 안다는 것은 "심판하신다"는 뜻입니다. 하나님은 그들을 잘 알고 계시므로 정확하게 심판하실 것입니다.

악인을 심판하는 것이 전반부라면 후반부는 모든 열방과 민족에서 경건한 사람들과 하나님을 경외하는 사람들을 불러 모아 구원하시는 것입니다. 구약인 이사야서를 보면 이방인을 불러 모으시겠다는 하나님의 계획이 나타나 있습니다. 이는 자신들만 구원받는 줄 알았던 이스라엘 사람에게 굉장히 충격적인 계획이었습니다. 그들은 조금 실수를 저지르긴 했지만 선택받은 백성, 선민인 이스라엘만 하나님이 구원하신다고 생각했습니다. 그런데 자신들도 심판받게 되리라고 말씀합니다. 자신들은 봐줄 거라고 생각했는데 그렇지 않았던 것입니다. 하나님은 그런 것과 상관없는 분입니다.

둘째, 하나님은 이방인이라도 구원하신다는 것입니다. 성경에는 "때가 이르면 뭇 나라와 언어가 다른 민족들을 모으리니"라고 말씀하는데, 이는 이방인을 가리킵니다. 이스라엘이 아니라 모든 열방, 모든 민족, 모든 나라와 선택받지 못한 백성에게도 하나님은 구원의 손을 펴신다는 것입니다. 이는 "그들을 내 소유로 삼겠다"라는 말씀입니다. 하나님은 선민이 아니지만 우리를 부르셨습니다. 지금 보면 선민인 이스라엘과 비교해 우리가 예수를 더 잘 믿고, 열심히 믿고, 열정적으로 믿고 있습니다. 놀라운 일은 원근 각처에서 전부 불러오겠다는 것입니다. 이것이 바로 하나님의 초청입니다.

순교하는, 생명을
바치는 신앙이 필요합니다

신앙도 결혼생활도 생명을 걸고 하길 바랍니다. 목숨을 걸고 하
길 바랍니다. 우리는 세상을 따라가는 게 아니라 말씀을 따라가
야 합니다. 세상적인 유혹과 귀신에게 마음을 빼앗기지 말고 한
가지 노래를 부르고 하나를 외치며 나아가야 합니다.

:: 어린 양의 혼인잔치에 청함을 받아야 합니다

요한계시록에 기록된 네 번째 축복은 혼인잔치에 참여하는 축복
에 대한 것입니다.

천사가 내게 말하기를 기록하라 어린 양의 혼인 잔치에 청함을 받
은 자들은 복이 있도다 하고 또 내게 말하되 이것은 하나님의 참되
신 말씀이라 하기로. 계 19:9

어린 양의 혼인잔치에 청함을 받은 사람은 복이 있습니다. 이것
은 그냥 혼인잔치에 참여하는 축복을 말하는 것이 아닙니다. 일곱

가지 인의 재앙, 나팔 재앙, 대접 재앙이 끝나고 사탄의 세력이 득세하고 여인을 죽이려고 하고 바다에서 두 짐승이 세상을 뒤덮는 대환난과 대고난이 있지만, 하나님은 이 모든 악의 세력을 물리치고 승리하여 혼인잔치에 들어갈 수 있다고 말씀합니다. 이 잔치에 믿음의 사람들이 청함을 받은 것입니다.

요한계시록 12장에는 하나님의 군대인 미가엘의 군대와 사탄의 군대가 엄청난 대결을 벌이는 내용이 나옵니다. 용은 패배하고 하나님의 사자가 승리하지만 마귀는 계속해서 다른 형태로 나타납니다. 쫓겨났던 이 마귀의 세력은 바닷가에서 두 짐승으로 다시 나타납니다. 용이 두 짐승을 조종하게 되고, 두 짐승이 나타나서 세상을 또 휘젓고 돌아다닙니다. 그리고 두 짐승 위에 있는 것이 바로 음녀이며, 이제 마지막 재앙인 대접 재앙이 나타납니다. 일곱 대접 재앙은 우주까지 포함해서 예외 없이 하나님의 심판과 재앙이 쏟아진다는 것입니다.

마지막으로는 바벨론 제국이 무너지게 됩니다. 그런데 17장을 보면 바벨론 제국은 음녀와 관계가 있다고 말합니다. 우리 성도들은 끊임없이 깨어 기도해야 하는데, 성적 타락에 말려들어선 안 됩니다. 이것은 마지막 시대 바벨론의 특징입니다. 그러므로 이 시대에는 거룩과 순결을 추구하는 순결운동이 일어나야 합니다. 이것이 마귀를 쫓는 방법입니다.

또 하나 눈여겨볼 것은 요한계시록 18장에 나오는 바벨론과 비즈니스의 관계입니다. 요즘은 돈이 우상이고, 돈만 많이 벌 수 있다면 무슨 일이든 하겠다고 말하는데, 그 안에 악한 영이 있기 때문입니다. 바벨론의 마지막 멸망은 음녀의 멸망으로, 정치 권력, 물질, 자본주의의 멸망입니다.

요즘은 자본주의가 우상이 되고 있습니다. 우리는 권력과 돈을 잘 써야 하는데, 여기에 사탄의 영이 숨어 있기 때문입니다. 우리 그리스도인이 돈을 많이 벌고 비즈니스에서 성공하길 바라지만 돈과 비즈니스, 세상적인 권력에 말려들어선 안 됩니다. 우리의 비즈니스 목표는 오직 하나님의 영광을 위한 것이어야 합니다.

혼인잔치에는 준비된 사람만 들어가므로 우리 모두 깨어 일어나서 혼인잔치에 들어가는 축복을 받았으면 좋겠습니다. 또한 우리는 끝까지 순결을 지키고 살아야 합니다. 용이 나타나고 음녀가 나타나고 세상 문화가 시끄러워도 하나님의 백성은 거룩한 신부가 되어 순교자의 길을 걸어가야 합니다.

카자흐스탄에서 순교한 고 김진희 선교사의 남편인 한재성 선교사의 간증을 들으면서 깊은 감동을 받았습니다. 김진희 선교사가 살인자들로부터 묶임을 당하고 재갈을 물린 채 마지막까지 움켜쥔 것이 성경책이었다고 합니다. 그래서 살인자들은 그게 무슨 보물이라도 되는 줄 알고 성경을 뺏으려고 손을 칼로 찔렀지만 끝까지 성경책을 붙들고 죽었다고 합니다.

이처럼 우리는 주님의 말씀을 붙들고 거룩한 신부가 되어 세상의 어떤 유혹과 핍박에도 타협하지 않고 순교자의 길을 걸어가야 합니다. 거룩한 신부의 길을 가는 것이 우리 성도의 마지막 갈 길입니다.

∴ 종말론적 신부의 삶을 살아야 합니다

어떤 사람이 부활에 참여합니까?

이 첫째 부활에 참여하는 자들은 복이 있고 거룩하도다 둘째 사망이
그들을 다스리는 권세가 없고 도리어 그들이 하나님과 그리스도의
제사장이 되어 천 년 동안 그리스도와 더불어 왕 노릇 하리라. 계 20:6

이 말씀에 우리가 잘 알고 있는 천년왕국이 처음으로 등장하는
데, 이를 '밀레니엄'이라고 합니다. 이에 대해 많은 신학적 논쟁이
있지만, 가장 중요한 것은 천년왕국이 있다는 것입니다. 이에 대해
세 가지 이야기를 하려고 합니다.

첫째, 하나님의 역사에 초점을 맞추라는 것입니다. 즉 하나님의
관점에서 역사를 보고 우리 각자의 삶을 바라봐야 합니다. 역사는
두 가지가 있는데, 일반 역사는 시작도 끝도 없이 그냥 무한히 계속
되고 하나님의 구원도 하나님의 심판도 하나님의 역사도 보이지 않
습니다. 그러나 하나님의 역사는 시작과 끝이 있고 창조와 종말이
있고, 그 끝에는 분명히 하나님의 심판이 기다리고 있습니다. 하나
님의 역사는 연대기적으로 서술하는 것이 아니라 구원론적으로 서
술해야 합니다. 그런 의미에서 하나님의 역사를 '거룩한 역사', '뜻
으로 본 역사'라고 말합니다.

우리는 자신의 인생을 하나님의 관점으로 보아야 하며, 성령의

관점으로 보아야 합니다. 우리는 하나님의 뜻을 이루는 사람이며, 하나님의 목적을 이루는 사람이며, 하나님의 계획에 동참하는 사람이기 때문입니다.

심판은 두 가지로 나뉩니다. 하나는 사탄에 대한 하나님의 심판입니다. 이 심판은 마지막에 사탄은 영원하지 않고 반드시 멸망하고, 우리의 운명은 축복을 받게 된다는 것입니다. 다른 하나는 사탄에 속한 사람들의 심판입니다. 지금 우리가 살고 있는 곳은 사탄의 세력을 상징하는 바벨론 문화입니다. 그래서 이 지구에 수많은 환경적 재앙이 일어나는 것입니다.

성경을 보면 용이 짐승에게 권세를 이양하여 세상을 사탄의 왕국으로 만들어 지배하는 장면이 나옵니다(계 13:1-4). 그러나 예수 그리스도께서 죽임을 당한 어린 양의 순교로 역사는 그리스도로 말미암아 새로워질 것입니다. 우리는 역사를 하나님의 관점으로 보아야 하는데, 이 역사는 하나님의 말씀으로 만들어집니다.

둘째, 할렐루야 대합창입니다. 바벨론이 무너지고 할렐루야 대합창이 네 번 나옵니다. 이 세계를 정복하고 무찌르고 나서 할렐루야 합창이 끝나고 이어서 어린 양의 축제가 나오고 어린 양 예수 그리스도와 신부들과의 혼인잔치가 시작됩니다. 혼인잔치가 끝나면 천년왕국의 축제가 이어지는데, 여기서 분명한 사실은 주님의 재림이 머지않아 온다는 것입니다.

주님의 재림과 함께 천년왕국이 오고, 천년왕국과 함께 심판이 옵니다. 그리고 심판과 함께 새 하늘과 새 땅이 옵니다.

또 내가 보매 천사가 무저갱의 열쇠와 큰 쇠사슬을 그의 손에 가지고 하늘로부터 내려와서 용을 잡으니 곧 옛 뱀이요 마귀요 사탄이라 잡아서 천 년 동안 결박하여 무저갱에 던져 넣어 잠그고 그 위에 인봉하여 천 년이 차도록 다시는 만국을 미혹하지 못하게 하였는데 그 후에는 반드시 잠깐 놓이리라.계 20:1-3

천사들이 열쇠를 들고 와서 마귀의 세력을 무저갱(밑바닥이 없는 깊은 연못)에 가둬 둔다는 내용인데, 마귀를 무저갱에 가두면 하나님의 백성에게는 천년왕국이 되는 것입니다.

천 년 동안 목베임을 받은 자의 영혼들, 짐승과 그의 우상에게 경배하지 않은 자, 이마와 손에 그의 표를 받지도 않은 자들과 함께 천 년 동안 왕 노릇을 하게 됩니다. 마지막 때가 되면 이 같은 예언의 말씀이 드러나게 됩니다. 요즘이 바로 환난의 때입니다. 그러므로 우리는 하나님의 말씀을 듣고 이 세상의 여러 가지 핍박과 조롱에도 흔들리지 말고 믿음의 행진을 계속해야 합니다.

셋째, 천년왕국에 대한 환상을 가져야 합니다. 예수를 믿으면 영원한 생명을 얻어 천국에 올라가는 축복을 받습니다. 그런데 많은 사람이 천국에 대한 그리움이 없고, 영원한 생명을 얻는 것에 대한 갈망이 없습니다. 영생에 대한 그리움이 많을수록, 천국에 대한 생각을 많이 할수록 어떤 고통과 역경도 이겨 낼 수 있습니다.

하나님과 가까운 사람들은 미래에 대한 두려움이 없고, 지진과 폭풍이 몰아쳐도 두려움에 떨지 않습니다. 우리에게 그런 축복이 있기를 바랍니다.

주님은 곧 오십니다. 그러므로 최선을 다해 하나님을 섬겨야 합니다. 심판과 종말을 생각한다면 오늘이 가기 전에 전도해야 한다는, 견딜 수 없는 영적 도전을 받게 됩니다.

우리가 기대하는 것은 영원한 생명입니다. 그래서 우리는 이 민족과 가족을 포기하지 못한 채 그들을 다 구원하길 원합니다. 혼인 잔치가 오기 때문에, 천년왕국이 오기 때문에, 예수님이 할렐루야 대합창에 구름을 타고 오시기 때문입니다. 우리에게 영적으로 이런 심각성이 있기를 축원합니다.

마지막 결론은 신부의 삶입니다. 우리는 보통 사람이 아닙니다. 예수님과 곧 혼인할 사람으로, 이런 사람은 함부로 살지 않습니다. 결혼할 대상이 결정되면 방황하지 않습니다. 예수 그리스도와 혼인할 사람들은 절대 방황하지 않습니다. 대부분의 사람은 신랑이신 예수 그리스도와 혼인한다는 사실을 모르기 때문에, 죽고 나면 천국에 간다는 사실을 모르기 때문에, 주님이 곧 오신다는 사실을 막연하게 생각하기 때문에 방황하는 것입니다.

우리의 미래는 정해져 있습니다. 그러므로 하나님의 영광을 위해 돈과 시간을 써야 합니다. 시간, 건강, 직업, 인생 모두를 주님의 영광을 위해 쓰고 아낌없이, 후회 없이, 미련 없이, 집착 없이 살아가길 바랍니다. 다만 하나님과 말씀에 집착해야 합니다. 이것이 종말론적 신부의 삶입니다.

:: 영적 담대함과 거룩한 확신을 가져야 합니다

환난을 이긴 하나님의 사람은 생명나무에 들어가는 축복, 새 성과 새 예루살렘에 들어가는 축복을 누리게 됩니다.

> 자기 두루마기를 빠는 자들은 복이 있으니 이는 그들이 생명나무에 나아가며 문들을 통하여 성에 들어갈 권세를 받으려 함이로다.계 22:14

지금까지 우리는 사복음서에 나타난 예수님에 대해 많이 들어 왔지만, 요한계시록에 나타난 예수님에 대한 말씀은 부족했습니다. 성경을 보면 예수님의 모습이 나타나 있습니다(계 1:12-16). 힘 있게 비치시는 예수 그리스도, 찬란하고 영광스러운 예수 그리스도, 만국을 다스리는 권세를 가지신 예수 그리스도, 사탄의 세력을 완전히 심판하고 어린 양의 혼인잔치와 천년왕국 그리고 새 하늘과 새 땅을 허락해 주시는 예수 그리스도. 우리는 이런 예수 그리스도를 만나 묵상하고 그 안에서 살기를 원해야 합니다. 그분은 패배하지 않고 반드시 승리하십니다.

요한계시록의 주인공은 일찍 십자가에서 돌아가신 예수 그리스도입니다.

> 이 일 후에 내가 보니 각 나라와 족속과 백성과 방언에서 아무도 능히 셀 수 없는 큰 무리가 나와 흰 옷을 입고 손에 종려 가지를 들고

보좌 앞과 어린 양 앞에 서서 큰 소리로 외쳐 이르되 구원하심이 보
좌에 앉으신 우리 하나님과 어린 양에게 있도다 하니. 계 7:9-10

예수님은 일찍 죽임을 당했지만 부활한 후 승천하셔서 하나님의
보좌 우편에 앉아 계시다가 장차 재림하실 것이며, 역사를 주관하고
세상을 통치하시며, 사탄의 세력을 꺾으시고 영원히 무저갱 속에 던
져 넣으실 겁니다. 또한 시온 성에 우뚝 서서 택한 백성을 이끌어 주
시며, 이마에 인 맞은 144,000명과 함께 승리의 개선가를 부르실 것
입니다. 사탄은 일시적으로 활동하지만 결국 패망하게 되고, 바벨론
은 역사상에서 자취를 감출 것입니다.

우리는 할렐루야 대합창과 어린 양의 혼인잔치, 천년왕국에 대한
깊은 지식과 영적인 상상력을 갖고 어떤 질병도 고통도 배고픔도
이겨 내야 합니다. 그 영광스러운 잔치에 신랑이신 예수 그리스도
를 만날 날을 기다리며, 아름답고 깨끗한 세마포를 입은 신부로서
살아가야 합니다. 또한 우리 마음속에는 영광스러운 할렐루야 축제
가 있어야 합니다. 육적으로는 쇠한다고 해도 영적으로는 살아서
날마다 기적을 경험하는, 빛나고 깨끗한 세마포를 입은 신부로 나
타나야 합니다.

고난이 문제가 되는 것은 그 고난을 이길 만한 비전이 없기 때문
입니다. 그 비전만 있다면 우리는 배고픈 것도 이겨 낼 수 있고 병든
것도, 손해 보는 것도 이겨 낼 수 있습니다.

우리의 신앙은 재림 설교를 하지 않아서 굉장히 천박해지고 현실

적이고 감각적으로 변해 가고 있습니다. 우리에게는 순교하는, 생명을 바치는 신앙이 필요합니다. 신앙도 결혼생활도 생명을 걸고 하길 바랍니다. 목숨을 걸고 하길 바랍니다. 우리는 세상을 따라가는 게 아니라 말씀을 따라가야 합니다. 신랑도 결정되었고 천국도 이미 결정되었습니다. 그러므로 세상적인 유혹과 귀신에게 마음을 빼앗기지 말고 한 가지 노래를 부르고 하나를 외치며 나아가야 합니다.

> 또 내가 새 하늘과 새 땅을 보니 처음 하늘과 처음 땅이 없어졌고 바다도 다시 있지 않더라 또 내가 보매 거룩한 성 새 예루살렘이 하나님께로부터 하늘에서 내려오니 그 준비한 것이 신부가 남편을 위하여 단장한 것 같더라.계 21:1-2

이처럼 영적인 환상과 비전이 그림처럼, 환상처럼 생겨나길 바랍니다. 새 하늘과 새 땅은 옛날 하늘과 땅이 아닙니다. 하늘과 땅과 바다의 모든 것이 사라질 것입니다. 이 현상은 "하늘이 큰 소리로 떠나가고 물질이 뜨거운 불에 풀어지고 땅과 그 중에 있는 모든 일이 드러나리로다"(벧후 3:10)라는 표현과 같습니다.

새 하늘과 새 땅의 중심에는 새 예루살렘이 있습니다. 또한 새 예루살렘은 새 하늘과 새 땅의 수도입니다. 여기서 새 예루살렘은 무슨 의미가 있습니까?

> 내가 들으니 보좌에서 큰 음성이 나서 이르되 보라 하나님의 장막

이 사람들과 함께 있으매 하나님이 그들과 함께 계시리니 그들은 하나님의 백성이 되고 하나님은 친히 그들과 함께 계셔서.계 21:3

새 예루살렘에서는 하나님과 사람이 한 장막에 함께 거하며 친밀한 교제 가운데로 들어가게 됩니다. 지금은 하나님이 예배와 기도의 대상이지만, 성령이 이것을 다 허물어뜨릴 것입니다. 성경에는 "하나님의 영광이 있어 그 성의 빛이 지극히 귀한 보석 같고 벽옥과 수정 같이 맑더라"(계 21:11)고 예루살렘의 모습을 설명합니다. 인간이 설명할 수 있는 언어의 한계 때문에 이렇게 표현했지만 실제로는 우리의 상상을 뛰어넘는 찬란한 아름다움이 새 예루살렘을 둘러싸고 있습니다.

지금 자신의 처지가 어렵다고 슬퍼하거나 위축되어선 안 됩니다. 우리 집은 예루살렘 성이며, 우리는 그곳에서 하나님과 영원히 함께 살 것입니다. 시온에 우뚝 선 그분이 살아 계셔서 역사를 통치하실 뿐 아니라 재림해 혼인잔치를 갖게 하시고 새 하늘과 새 땅을 주시며 생명나무를 주실 것입니다. 이것이 바로 구원입니다.

우리의 주소는 천국입니다. 예수님이 우리의 주인이시므로 어떤 불행과 절망도 우리를 쓰러뜨릴 수 없다는 그런 영적인 담대함과 거룩한 확신을 가져야 합니다.

새 하늘과 새 땅을 사모하며
하나님의 영광을 전해야 합니다

하나님은 땅의 예루살렘이 아니라 하늘의 예루살렘을 보여 주십니다. 하나님이 이스라엘 백성에게 주려는 것은 옛날 예루살렘의 영광의 회복이 아니라 새 하늘과 새 땅, 그들이 한 번도 가져 보지 못한 놀라운 영적 세계입니다.

∷ 새 예루살렘에 대한 비전을 품어야 합니다

이스라엘 백성은 바벨론의 포로가 되어 조국을 잃고 고향을 떠날 수밖에 없었습니다. 포로로 잡힌 이스라엘 백성은 노예 생활을 하게 되었는데, 가장 큰 문제는 언제 그 생활이 끝날지 모른다는 것이었습니다. 고통과 고난을 겪을 때 기한이 있으면 그런 대로 참을 수 있지만 기한이 없다면 어떤 희망도 가질 수 없습니다. 희망이 없는 것처럼 절대적인 절망은 없습니다.

사람은 누구든지 고통을 겪고 고난을 겪으면 과거를 되돌아보게 됩니다. 이스라엘 백성도 포로 생활을 하면서 하나님이 과거에 자신들을 사랑해 주시고 보호해 주시고 인도해 주셨던 기억을 떠올릴 수 있었습니다. 그들은 간절하게 옛날에 누렸던 영광, 예루살렘의 영광이 회복되길 사모했습니다. 무너진 성전을 다시 세우고 훼파된 기구들을 다시 찾고 거기서 하나님께 산제사를 드리고 예배하며, 그분과 영광스러운 교제를 나누던 축복을 마음속으로 사모했습니다.

이때 선지자 이사야를 통해 하나님의 예언이 이스라엘 백성에게 들려옵니다(이사야 54장). 이스라엘은 다시 회복되고, 하나님께서 이스라엘 백성을 버리지 않고 다시 구원하신다는 희망과 회복의 메시지가 들려옵니다.

이 회복의 메시지는 네 가지입니다. 첫째, 수치를 벗고 회복될 것이니 환호성을 지르고 소리를 질러라. 둘째, 앞으로 나타날 수많은 축복을 준비해 장막 터를 넓히라. 셋째, 네 부끄러운 과거는 치유될 것이다. 넷째, 다시는 이런 심판을 하지 않겠다는 것입니다. 하나님은 "다시는 화를 내지도 않고 꾸짖지도 않겠다. 나의 사랑은 변함이 없고 평화의 약속은 흔들리지 않을 것이다"라고 말씀하셨습니다.

예언자 이사야를 통해 희망의 메시지가 선포되자 이스라엘 백성은 "고국으로 돌아가 성전도 다시 짓고 무너진 성벽도 다시 쌓고 제사도 다시 드리게 될 것이다. 이제는 과거처럼 살지 않고 열심히 잘 살아 보자"라고 말하며 꿈에 부풀어 있었을 것입니다.

그런데 옛날 예루살렘의 영광을 기대하던 이스라엘 백성에게 하나님은 옛날 예루살렘의 영광이 아니라 그들이 한 번도 경험해 보지 못한 새로운 예루살렘에 대한 비전과 환상을 주셨습니다.

하나님은 땅의 예루살렘이 아니라 하늘의 예루살렘을 보여 주십니다. 땅의 예루살렘은 믿음의 조상인 아브라함과 이삭과 야곱이 하나님을 만났던 장소로, 기념비적이고 역사적인 장소입니다. 그러나 옛날 예루살렘의 영광이 새로운 미래를 만들어 주지는 못합니다. 하나님이 이스라엘 백성에게 주려는 것은 옛날 예루살렘의 영광의 회복이 아니라 새 하늘과 새 땅, 그들이 한 번도 가져 보지 못한 놀라운 영적 세계입니다.

성경은 새 예루살렘이 어떤 곳인지를 설명하고 있습니다.

> 너 곤고하며 광풍에 요동하여 안위를 받지 못한 자여 보라 내가 화려한 채색으로 네 돌 사이에 더하며 청옥으로 네 기초를 쌓으며 홍보석으로 네 성벽을 지으며 석류석으로 네 성문을 만들고 네 지경을 다 보석으로 꾸밀 것이며. 사 54:11-12

이 말씀은 인간의 언어로는 표현할 수 없는 값지고 아름답고 찬란하고 완벽하고 거룩한 새 예루살렘을 소개한 것입니다. 실제로 이런 곳을 보지 못했기에 인간의 언어 중 가장 좋은 것, 보석을 들어 새 예루살렘을 설명하고 있습니다.

어떤 사람은 새 예루살렘에 사파이어도 있고 루비도 있고 석류석도 있으니 다 뜯어 오면 좋겠다고 생각합니다. 그러나 홍보석으로 벽을 쌓고 청옥으로 기초를 쌓고 루비로 뾰족탑을 만들고 반짝이는 석류석으로 성문을 만든 이런 성은 이 땅에 없습니다. 지상에 존재할 수 없는 가장 이상적이고 완벽하고 영원한 하나님 나라에 있는 그 성읍을 한계가 있는 인간의 언어로 표현하려다 보니 이렇게 설명한 것입니다.

이런 성은 하늘에 있습니다. 하나님이 우리에게 주시는 것은 돌로 만든 성벽이 아닙니다. 이스라엘의 예루살렘에 있는 그 성읍이 아니라는 것입니다. 현재 예루살렘은 영광과 치욕의 역사가 혼재되어 있어 종교의 전시장 같습니다. 유대교, 이슬람교, 기독교, 가톨릭교가 공존하고 있습니다. 금요일은 이슬람교도의 안식일로 지키고, 토요일은 유대인의 안식일로 지키고, 주일은 기독교인의 안식일로 지킵니다. 예루살렘의 하나님은 참으로 복잡합니다. 게다가 모든 종교가 예루살렘을 자신의 성지라고 주장합니다.

이런 예루살렘에 무슨 평화가 있겠습니까? 거기에 무슨 기쁨이 있겠습니까? 거기에 무슨 미래가 있겠습니까? 하나님이 우리에게 주시려고 하는 것은 물질적인 성공과 축복도, 세상적인 권력도 아닙니다. 하나님은 새 하늘과 새 땅, 새 예루살렘을 주겠다고 말씀하셨습니다.

∷ 새 하늘과 새 땅은 우리의 영원한 집입니다

요한계시록은 새 예루살렘에 대한 비전과 환상적인 모습을 자세히 설명하고 있습니다. 성경에 보면 "위에 있는 예루살렘"(갈 4:26), "하늘의 예루살렘"(히 12:22)이라고 표현했습니다. 우리가 원하고 기다리고 사모하는 회복은 땅에 존재하는 것이 아닙니다. 하늘에 있는 예루살렘이요, 새 예루살렘입니다. 그것은 하나님이 우리에게 주신 비전입니다. 세속 도시인 바벨론과 대조를 이루는 하나님 나라입니다. 그러면 천상의 도시 예루살렘은 어떤 곳입니까?

> 또 내가 새 하늘과 새 땅을 보니 처음 하늘과 처음 땅이 없어졌고 바다도 다시 있지 않더라 또 내가 보매 거룩한 성 새 예루살렘이 하나님께로부터 하늘에서 내려오니 그 준비한 것이 신부가 남편을 위하여 단장한 것 같더라 …… 보라 하나님의 장막이 사람들과 함께 있으매 하나님이 그들과 함께 계시리니 그들은 하나님의 백성이 되고 하나님은 친히 그들과 함께 계셔서 모든 눈물을 그 눈에서 닦아 주시니 다시는 사망이 없고 애통하는 것이나 곡하는 것이나 아픈 것이 다시 있지 아니하리니 처음 것들이 다 지나갔음이러라 보좌에 앉으신 이가 이르시되 보라 내가 만물을 새롭게 하노라 하시고 또 이르시되 이 말은 신실하고 참되니 기록하라 하시고 또 내게 말씀하시되 이루었도다 나는 알파와 오메가요 처음과 마지막이라 내가 생명수 샘물을 목마른 자에게 값없이 주리니 이기는 자는 이것들을 상속으로 받으리라 나는 그의 하나님이 되고 그는 내 아들이 되리라. 계 21:1-7

사도 요한은 환상 중에 새 예루살렘을 보았고, 하나님이 보좌에서 큰 음성으로 말씀하시는 것을 들었습니다. 이것을 보면 새 예루살렘이 실제로 존재한다는 것을 알 수 있습니다. 새 예루살렘은 상상 속의 장소가 아닙니다. 더욱 놀라운 것은 우리가 가는 것이 아니라 새 예루살렘이 우리에게 오고 있다는 사실입니다. 천국이, 하나님 나라가 우리에게 오고 있습니다. 이미 왔고, 오고 있고, 또 올 것입니다. 이곳에는 눈물도 없고, 사망도 없고, 애통도 없고, 아픈 것도 없습니다.

요한이 새 예루살렘에 대한 환상을 보고 계시를 받은 장면을 보면서 '너무 감동 없이 성경을 보았구나'라는 생각을 하게 되었습니다. 우리에게 주시는 하나님의 비전은 땅의 비전도, 물질의 비전도 아닙니다.

세상 일이 너무 복잡하다 보니 종종 새 예루살렘을 잊어버릴 때가 있는데, 우리는 비전을 가져야 합니다. 우리는 땅에서 살지만 하늘을 보고 살아야 하고, 아무리 고통스럽고 병들고 힘들더라도 땅에 머물러 있어서는 안 됩니다. 하나님께서 이스라엘 백성에게 주시려고 했던 새 예루살렘, 새 하늘과 새 땅을 우리에게도 주실 것입니다. 그러면 어떤 고난도 위기도 넉넉히 이겨 낼 수 있습니다.

네 모든 자녀는 여호와의 교훈을 받을 것이니 네 자녀에게는 큰 평안이 있을 것이며 제자가 될 것이니 너는 공의로 설 것이며 학대가 네게서 멀어질 것인즉 네가 두려워하지 아니할 것이며 공포도 네게 가까이하지 못할 것이라. 사 54:13-14

상상할 수 없을 정도로 화려하고 아름답고 거룩하고 완벽한 새 예루살렘이 신부가 신랑을 위해 단장하는 것처럼 내려올 것입니다. 그러면 새 예루살렘의 내면적 모습을 어떻게 설명할 수 있습니까? 평안과 공의입니다. 새 예루살렘에는 평안이 있고 공의가 있고 하나님의 말씀이 있습니다. 그곳에는 학대가 없고 두려움과 공포가 없습니다.

> 보라 그들이 분쟁을 일으킬지라도 나로 말미암지 아니한 것이니 누구든지 너와 분쟁을 일으키는 자는 너로 말미암아 패망하리라 보라 숯불을 불어서 자기가 쓸 만한 연장을 제조하는 장인도 내가 창조하였고 파괴하며 진멸하는 자도 내가 창조하였은즉 너를 치려고 제조된 모든 연장이 쓸모가 없을 것이라 일어나 너를 대적하여 송사하는 모든 혀는 네게 정죄를 당하리니 이는 여호와의 종들의 기업이요 이는 그들이 내게서 얻은 공의니라 여호와의 말씀이니라. 사 54:15-17

하나님 나라에서는 사탄의 영향력, 공격이 모두 사라집니다. 하나님은 "너와 분쟁을 일으키는 자는 패망할 것이고, 너를 치려고 제조된 모든 연장이 쓸모가 없을 것이고, 너를 대적하여 송사하는 모든 혀는 네게 정죄를 당할 것이다"라고 말씀하셨습니다.

> 사망아 너의 승리가 어디 있느냐 사망아 네가 쏘는 것이 어디 있느냐. 고전 15:55

또한 그리스도인에게는 죽음에 대한 불안이 없어야 합니다. 죽음에 대한 불안과 걱정은 마귀가 주는 것입니다. 우리는 '죽어도 좋다'라고 생각하면서 죽음에 대한 두려움으로부터 해방되어야 합니다. 죽음 대신에 우리에게는 새 하늘에 대한 영광과 비전이 있습니다.

우리가 사는 이 땅은 여행길에 잠깐 들른 여관과 같습니다. 여기는 영원히 살 집이 아닙니다. 우리의 고향은 천국, 새 하늘과 새 땅입니다. 살아 있을 때 최선을 다해 이 땅에 하나님 나라를 세우고, 죽을 때는 육신의 옷을 벗고 나가는 것입니다. 이것이 새 예루살렘을 가진 사람의 특권입니다.

하나님 나라는 하늘에만 있는 것이 아닙니다. 예수님은 하나님 나라를 이루기 위해 이 세상에 오셨습니다. 우리 안에 오셨습니다. 그리고 하나님 나라를 여기서부터 이루어 가십니다.

우리는 하나님 나라를 생각해야 합니다. 새 하늘과 새 땅을 묵상해야 합니다. 우리의 고향은 거기에 있습니다. 우리의 영원한 집은 거기에 있습니다.

∷ 하나님은 새 하늘과 새 땅을 약속하십니다

성경에 나타난 사상 가운데 가장 핵심적인 것은 하나님 나라입니다. 구원을 다른 말로 표현하면 하나님 나라, "새 하늘과 새 땅"입니다.

성경은 분명하게 "이 세상은 끝이 아니다. 이 세상은 영원한 것이 아니다. 이 세상은 때가 되면 누구든지 떠나는 것이다"라고 말씀합니다. 그 뒤에 "한번 죽는 것은 사람에게 정해진 것이요 그 후에는 심판이 있으리니"(히 9:27)라고 했습니다. 우리가 세상을 살아 온 대로 심판을 받게 되고 천국과 지옥이 만들어집니다.

이사야서에서 가장 중요한 말씀은 새 하늘과 새 땅입니다. 이는 구약에 나타난 천국으로, 이 새 하늘과 새 땅은 하나님이 예비하시고 약속하신 것입니다. 첫째는 이스라엘 백성에게 예비하고 약속하신 것이지만, 둘째는 모든 인류를 위해 약속하신 것입니다. 이 세상 다음에 올 약속은 새 하늘과 새 땅입니다. 하나님 나라는 우리가 예수님을 믿는 순간부터, 이 땅에서부터 시작됩니다. 이것이 아주 독특합니다. 유일합니다. 하나님 나라에 대해 생각해 보겠습니다.

> 보라 내가 새 하늘과 새 땅을 창조하나니 이전 것은 기억되거나 마음에 생각나지 아니할 것이라.사 65:17

새 하늘과 새 땅은 사람이 만든 것도, 사람이 상상해 낸 것도 아닙니다. 하나님 나라의 첫 번째 특징은 창조입니다. 이것은 한 번도 상상해 본 적이 없는, 한 번도 경험해 본 적이 없는, 한 번도 가져 본 적이 없는 아주 새로운 나라라는 것입니다. 그런 나라를 하나님이 예비하시고 약속하신 것입니다.

우리는 세상에 없는 평화와 기쁨과 환희와 감격을 죽어 천국에 가서 느끼는 것이 아니라 살아 있는 이 순간부터 경험해야 합니다. 이것이 아주 독특합니다. 하나님 나라는 창조되는 것이라고 했는데, 우리가 쓰는 창조의 의미와는 다릅니다.

창조는 히브리어로 '아사(Asa)'라고 쓰는데 유(有)에서 유(有)를 만드는 것입니다. 있는 것에서 있는 것을 만든다는 뜻입니다. 그런데 성경에 기록된 새 하늘과 새 땅을 창조하겠다고 할 때 사용한 단어는 우리가 말하는 창조와는 다릅니다. 성경에서 굉장히 독특하게 사용되는 '창조'는 태초에 하나님이 천지를 창조하셨다고 했을 때 쓰는 '바라(Bara)'라는 단어를 씁니다. 하나님이 천지창조를 하셨다고 말할 때는 무(無)에서 유(有)를 만드는 창조입니다. 인간이 만드는 창조는 유에서 유를 만드는 것이고, 하나님이 만드는 창조는 무에서 유를 만드는 것입니다. 그전에는 빛이라는 개념이 없었습니다. 우주 만물 모든 것이 무였습니다. 그런데 하나님이 해와 달, 우주를 만드신 것입니다. 또한 인간도 어떤 선(先) 물질이 있었던 것이 아닙니다. 하나님이 무에서 유를 창조한 것이 아담과 이브입니다.

∷ 하나님 나라를 경험해야 합니다

새 하늘과 새 땅은 어떤 곳입니까?

첫 번째로 새 하늘과 새 땅은 하나님이 천지창조처럼 새롭게 창조하신 하나님만의 세계입니다. 하나님이 새 하늘과 새 땅을 만드실 때는 미리 계시가 있었습니다.

다시는 낮에 해가 네 빛이 되지 아니하며 달도 네게 빛을 비추지 않을 것이요 오직 여호와가 네게 영원한 빛이 되며 네 하나님이 네 영광이 되리니 다시는 네 해가 지지 아니하며 네 달이 물러가지 아니할 것은 여호와가 네 영원한 빛이 되고 네 슬픔의 날이 끝날 것임이라. 사 60:19-20

이 세상의 핵심은 해로, 해가 없으면 세상은 존재하지 않습니다. 그러나 새 하늘과 새 땅에는 해가 없고 밤에는 달도 없다고 했습니다. 해가 지지 않고 달이 더 이상 물러가지 않는다고 했습니다. 하나님은 태양이시고, 그분은 우리의 영원한 빛이 되신다고 했습니다. 해 아래 있으면 슬픔이 있고 눈물이 있고 고통이 있고 죽음이 있습니다. 반면 새 하늘과 새 땅에는 슬픔도 애통도 눈물도 사망도 없습니다. 지금껏 경험해 보지 못한, 상상해 보지 못한, 하나님이 새롭게 창조하신 그곳이 새 하늘과 새 땅입니다. 여기서 새 하늘과 새 땅은 새롭고, 또 새롭고, 새롭습니다. 항상 새롭습니다. 이런 이유로 새 하늘과 새 땅은 감동입니다. 상상할 수조차 없는 그런 나라가 하나님 나라입니다.

또 내가 새 하늘과 새 땅을 보니 처음 하늘과 처음 땅이 없어졌고 바다도 다시 있지 않더라. 계 21:1

요한계시록에도 핵심적인 말씀이 나옵니다. 이것은 예전에 있던 것도 아니고 사람이 상상했던 것도 아니고 하나님이 우리를 위해 창조하신 것입니다. 다음 구절에도 창조라는 단어가 또 나옵니다.

너희는 내가 창조하는 것으로 말미암아 영원히 기뻐하며 즐거워할 지니라 보라 내가 예루살렘을 즐거운 성으로 창조하며 그 백성을 기쁨으로 삼고. 사 65:18

두 번째로 새 하늘과 새 땅은 기뻐하고 영원히 즐거워할 수 있는 곳입니다. 그러므로 우리는 걱정하거나 두려워할 필요가 없습니다. 영원히 기뻐하고 영원히 찬양하면 됩니다. 이 새 하늘과 새 땅은 새 나라인데 거기에 중심 도시가 있습니다. 바로 예루살렘입니다. 예루살렘도 두 개가 있는데, 헌 예루살렘이 있고 새 예루살렘이 있습니다. 헌 예루살렘은 현재 이스라엘의 수도로 팔레스타인과 싸움을 벌이는 비극적인 곳입니다. 반면에 새 예루살렘은 샬롬의 예루살렘으로, 그곳에는 기쁨이 있고 영원한 즐거움이 함께합니다.

내가 예루살렘을 즐거워하며 나의 백성을 기뻐하리니 우는 소리와 부르짖는 소리가 그 가운데에서 다시는 들리지 아니할 것이며. 사 65:19

세 번째로 새 하늘과 새 땅은 아비규환이 없는 곳으로, 눈물과 통곡과 슬픔과 절망이 없습니다. 상상만 해도 전율이 올 만큼 충격적이고 감동적인 하나님 나라입니다. 그런데 당신이 예수 그리스도를 믿고 영접하는 순간 하나님 나라의 백성으로, 자녀로 삼아 주시겠다고 말씀합니다.

> 거기는 날 수가 많지 못하여 죽는 어린이와 수한이 차지 못한 노인이 다시는 없을 것이라 곧 백 세에 죽는 자를 젊은이라 하겠고 백 세가 못 되어 죽는 자는 저주받은 자이리라. 사 65:20

이 말씀은 새로 창조된 새 하늘과 새 땅에는 생명이 충분히 보장된다는 것입니다. 생명이 충분히 보장될 뿐 아니라 하늘에서는 영원한 생명이 약속되어 있다는 뜻입니다. 여기에 어린이, 노인, 백 세라는 단어가 나오는데 이는 계시의 관점에서 구약시대의 사람들에게 영원을 설명하기 위해서입니다. 세상에 태어나 우리는 병들고 여러 가지 재앙과 재난으로 인해 죽습니다. 그러나 하나님 나라는 그런 것이 없습니다. 이것이 새 하늘과 새 땅에 관한 네 번째 특징입니다.

> 그들이 가옥을 건축하고 그 안에 살겠고 포도나무를 심고 열매를 먹을 것이며 그들이 건축한 데에 타인이 살지 아니할 것이며 그들이 심은 것을 타인이 먹지 아니하리니 이는 내 백성의 수한이 나무의 수한과 같겠고 내가 택한 자가 그 손으로 일한 것을 길이 누릴 것이며. 사 65:21-22

다섯 번째로 새 하늘과 새 땅은 안녕과 안정과 번영이 약속된 정직한 나라입니다. 여기서는 사람마다 자기가 지은 집에서 산다고 했습니다. 세상에서는 대부분 자신이 집을 지어도 살지 못하지만, 하나님 나라에서는 자기가 지은 집을 적군이 와서 빼앗아 가지 않고 전쟁도 없습니다.

하나님 나라는 자기가 농사지은 것을 자기가 먹는다고 했습니다. "내가 심은 포도나무를 내가 따 먹는다"라고 했습니다. 하나님 나라는 백향목과 상수리나무처럼 쑥쑥 뻗은 나무와 같다고 했습니다.

이제 하나님 나라의 여섯 번째 특징을 보겠습니다.

> 그들의 수고가 헛되지 않겠고 그들이 생산한 것이 재난을 당하지 아니하리니 그들은 여호와의 복된 자의 자손이요 그들의 후손도 그들과 같을 것임이라. 사 65:23

여기서 새 하늘과 새 땅이 오면 헛고생하지 않고, 불행의 씨앗이 될 자식을 낳지 않을 것이라고 했습니다.

지나온 삶이 불행의 씨앗이었다고 할지라도 하나님을 믿는 순간, 예수 그리스도를 영접하는 순간, 하나님 나라가 당신에게 임하는 순간 불행의 씨앗은 사라지고 맙니다. 여호와께 복 받는 백성이 되고, 그들과 그 후손도 그렇게 될 것이라고 했습니다. 우리는 축복의 자식이요, 축복의 도구입니다. 이제부터 우리로 말미암아 우리 인생과 후손은 축복을 받게 될 것입니다. 저주는 끝났습니다. 불행도 끝났습니다.

그들이 부르기 전에 내가 응답하겠고 그들이 말을 마치기 전에 내가 들을 것이며 이리와 어린 양이 함께 먹을 것이며 사자가 소처럼 짚을 먹을 것이며 뱀은 흙을 양식으로 삼을 것이니 나의 성산에서는 해함도 없겠고 상함도 없으리라 여호와께서 말씀하시니라. 사 65:24-25

새 하늘과 새 땅이 있으면 기도는 이미 응답됐고 응답되고 있다고 말합니다. 그들이 부르기 전에 하나님이 응답하시겠다고 했습니다. 하나님 나라는 이처럼 신비스럽습니다!

성산 어디에도 서로 해치거나 죽이는 일이 없다고 했습니다. 아비규환, 생존경쟁 속에서 서로 죽이고 먹고 먹히는 비참한 살육이 일어나지 않는다고 했습니다. 이 말을 뒤집어 보면 이 세상은 서로 음모를 꾸미고 사기를 치고 속이면서 산다는 것입니다. 도덕과 윤리를 말하면서 안 그런 척하고 살지만, 인간의 속은 전쟁이고 죽음입니다. 그래서 불안하고 외롭고 절망적입니다. 이것이 인간의 운명이요, 인간의 모습입니다.

그러나 구원과 회복은 이런 것이 아닙니다. 우리의 마음속에 하나님 나라가 성령으로 말미암아 그려지고 경험되기를 바랍니다. 이 험한 세상을 승리하면서 살고, 웃으면서 살고, 사랑하면서 살기를 바랍니다. 다른 사람과 똑같이 죽이고 미워하면서 사는 것이 아니라 용서하면서 살고, 베풀면서 사는 축복이 임하기를 축원합니다.

::미전도 종족에게 복음을 전해야 합니다

태초에는 천지창조가 있었고, 종말에는 최후의 심판이 있습니다. 그러면 최후의 심판으로 모든 것이 끝납니까? 아닙니다. 최후의 심판 뒤에는 새 하늘과 새 땅이 있습니다.

하나님은 왜 심판을 하십니까? 죄로 더럽혀진 세상을 그냥 두면 새 하늘과 새 땅이 오지 않기 때문입니다. 몸이 더러우면 새 옷을 입지 못합니다. 새 하늘과 새 땅, 천국을 사모한다면 우리가 이 세상을 살며 더러워진 모든 것을 씻어 내야 합니다.

한번 죽는 것은 사람에게 정해진 사건으로 피할 수가 없습니다(히 9:27). 그래서 지혜로운 사람은 죽음을 준비하는데, 우리도 죽지 않을 것처럼 살지 말고 죽을 것처럼 살아야 합니다. 그러나 죽음이 끝은 아닙니다. 죽음 이후에는 심판이 우리를 기다리고 있습니다. 우리가 스스로를 심판하는 것이 아니라 우리를 지으신 분, 천지를 창조하신 분이 죄를 심판하십니다.

보라 여호와께서 불에 둘러싸여 강림하시리니 그의 수레들은 회오리바람 같으리로다 그가 혁혁한 위세로 노여움을 나타내시며 맹렬한 화염으로 책망하실 것이라. 사 66:15

심판자 하나님은 세 가지 모습으로 오십니다. 첫째, 하나님은 불에 둘러싸여 오시는데, 이는 불로 심판한다는 뜻입니다. 둘째, 하나님은 하늘의 군대를 동원해서 오십니다. 여기서 '수레'는 전쟁할 때 쓰는 도구입니다. 전사들은 수레를 타고 회오리바람처럼 웅장한 모습으로 나타납니다. 셋째, 맹렬한 화염을 내뿜고 오십니다. 심판은 장난이 아닙니다. 한번 야단맞고 마는 것이 아니라 씨가 마르고 근거가 없어지는 것입니다.

여호와께서 불과 칼로 모든 혈육에게 심판을 베푸신즉 여호와께 죽임 당할 자가 많으리니. 사 66:16

심판의 도구로 두 가지가 나오는데 '불'과 '칼'입니다. 고대전쟁은 불과 칼의 전쟁이었습니다. 불로 화살을 쏘고 칼로 도륙합니다. 이 고대전쟁의 모습으로 심판을 설명하고 있습니다. 현대에 일어난 전쟁이라면 원자탄이 터지고, 지구상의 유전이 터져 화염에 둘러싸일 것입니다.

이런 불만 있는 것이 아닙니다. 모세는 떨기나무 속에서 불을 보았는데 나무가 타지 않았습니다. 창세기 3장을 보면 하나님은 생명나무를 화염검으로 지키게 하셨습니다. 엘리사는 사환에게 산에 가득한 불 말과 불 수레를 보여 주었습니다. 요한계시록을 보면 이런 모습을 자세히 보게 됩니다. 이분이 하나님이십니다. 하나님은 심판을 모두 준비하셨습니다. 이제 회오리바람처럼 죄를 지은 인류를 향하여 소돔과 고모라를 쓸어버리듯 최후의 심판을 준비하고 계십니다.

그러면 하나님은 누구를 심판하십니까? 성경에는 심판받는 사람에 대해 언급한 구절이 있습니다.

> 스스로 거룩하게 구별하며 스스로 정결하게 하고 동산에 들어가서
> 그 가운데에 있는 자를 따라 돼지고기와 가증한 물건과 쥐를 먹는
> 자가 다 함께 망하리라 여호와의 말씀이니라. 사 66:17

"스스로 거룩하게 구별하며 스스로 정결하게 한다"는 좋은 뜻처럼 생각되지만 사실은 우상숭배를 하는 사람을 가리킵니다. 우상을 숭배하는 사람들도 종교 의식을 준비하기 전에 스스로를 거룩하게 하고, 몸을 정결하게 합니다. 이것은 하나님께 드리는 예배가 아니라 심판받을 사람들이 행하는 종교적 행위를 설명한 것입니다.

이런 사람들은 끝장이 나고 맙니다. 하나님이 쓸어버리시기 때문입니다. "돼지고기와 가증한 물건과 쥐"는 하나님이 가장 싫어하시는 것인데, 우상숭배를 하는 사람들이 이런 것을 먹습니다. 이사야서 66장 17절은 간단하게 이야기하지만, 요한계시록 21장 8절은 둘째 사망에 들어갈 사람에 대해 좀 더 자세하게 설명해 줍니다.

종말에는 심판이 있습니다. 노아 시대에 물의 심판이 있기 전에는 아무도 그것을 경험하지 못했습니다. 그러나 물의 심판이 오고 나서야 사람들은 그것을 알게 되었습니다. 불의 심판도 지금은 아무도 모르지만 반드시 있으므로 우리는 준비해야 합니다.

종말이 끝이라면 모든 것이 파괴되어야 마땅합니다. 그러나 종말이 끝이 아닌 이유는 종말 이후에 새 하늘과 새 땅이 있기 때문입니다.

우리의 초점은 종말이 아니라 새 하늘과 새 땅입니다. 하나님이 우리에게 주시는 것은 종말이 아닙니다. 예수 그리스도를 믿는 사람들에게는 심판이 지나갑니다. 하나님의 사람에게는 심판이 지나갑니다. 그러나 가증스러운 사람, 우상숭배를 하는 사람, 하나님의 뜻대로 살지 않는 사람은 심판을 받게 될 것입니다.

반대로 경건한 자, 준비된 자에게는 새 시대가 열리고 시온의 새로운 성에서 하나님을 예배하고 그분의 영광을 찬양하고 감사와 기쁨의 축제가 열리게 될 것입니다.

내가 그들의 행위와 사상을 아노라 때가 이르면 뭇 나라와 언어가 다른 민족들을 모으리니 그들이 와서 나의 영광을 볼 것이며. 사 66:18

이사야서의 결론입니다.

첫째, 하나님이 심판할 자를 심판하신다는 것입니다. 하나님은 악한 자, 대적의 행위와 사상을 알고 계십니다. 여기서 안다는 것은 "심판한다"는 뜻입니다. 하나님은 그들을 잘 알아서 정확하게 심판하실 것입니다. 이사야서는 구약인데 이방인을 불러 모으시겠다는 하나님의 계획이 나타나 있습니다. 이는 이스라엘 백성에게는 굉장히 충격적인 일이었습니다. 이스라엘 백성은 자기들만 구원받는 줄 알았기 때문입니다. 그런데 심판받게 되어 있다는 것입니다. 동향 사람이니까, 동창이니까 봐줄 줄 알았다면 큰 오산입니다. 그런 것은 상관없습니다.

둘째, 하나님은 이방인이라도 구원하신다는 것입니다. "때가 이르면 뭇 나라와 언어가 다른 민족들을 모으리니"라고 말씀하셨는데, 이는 이방인을 뜻합니다. 이스라엘이 아니라 모든 열방, 모든 민족, 모든 나라와 선택받지 못한 백성에게도 하나님은 구원의 손을 펴신다는 것입니다.

> 내가 그들 가운데에서 징조를 세워서 그들 가운데에서 도피한 자를 여러 나라 곧 다시스와 뿔과 활을 당기는 룻과 및 두발과 야완과 또 나의 명성을 듣지도 못하고 나의 영광을 보지도 못한 먼 섬들로 보내리니 그들이 나의 영광을 뭇 나라에 전파하리라. 사 66:19

이 말씀을 그냥 읽으면 무슨 말인지 잘 모르겠지만, 여기 보면 하나님께서 이방인을 불러 모아 두 가지를 주신다고 했습니다. 징조와 선교의 사명입니다. 신약의 사도행전과 같지 않습니까? 하나님은 이사야서 마지막 부분에 하나님의 심판과 함께 이방인을 불러 모아 능력과 이적과 사인을 주겠다고 하십니다. 그들이 상상할 수 없고 가 본 적도 없는 아주 먼 곳, 미전도 종족에게 가서 복음을 전하도록 하겠다는 것입니다.

∷ 열방을 향해 여호와의 영광을 선포해야 합니다

신약시대에 사는 우리는 이 예언을 빨리 이해하지만 구약시대 사람은 이 예언이 무슨 말인지 이해하지 못했을 것입니다. 상상할 수도 없는 일이기 때문입니다. 신약에 와서 보니 그것이 맞는 말이고, 예언이라는 사실을 알게 된 것입니다. 하나님은 징조를 주시고 열방으로 파송해서 우리의 명성을 들은 적도 없고, 본 적도 없는 여러 나라에 영광을 알게 하시겠다는 것입니다. 참으로 놀랍지 않습니까! 이것은 보통 일이 아닙니다.

우리는 무슨 이유로 일본, 대만, 남미, 중국에 갑니까? 왜 그곳에 선교사를 보내려고 합니까? 이 예언의 응답으로 그렇게 하는 것입니다. 선교사들은 왜 병과 가난으로 고통받게 될 줄 알면서도 보지도 듣지도 못한 백성과 민족에게 뛰어갑니까? 바로 이 예언 때문입니다. 선교사들이 왜 타지에 가 살면서 그 고생을 하는지 압니까? 가난하고 에이즈에 걸리고, 때로는 사납고 무자비한 사람에게 억울하게 죽임을 당하고 테러를 당할 수도 있다는 사실을 알면서도 왜 그곳으로 가는 줄 압니까? 바로 이 말씀 때문입니다.

이 구절에는 여러 가지 지명이 나옵니다. 주석을 보면 다시스는 성지에서 최서단 항구이고, 뿔은 북아프리카이고, 룻은 나일강 하류이고, 두발은 유프라테스강 상류이고, 야완은 그리스 헬라 사람입니다. 다시 말하면 시온에서 가장 멀리 떨어져 있는 도시입니다. 이들 도시로 가서 여호와의 영광을 선포하도록 하겠다는 것입니다. 이것이 이사야서 66장의 마지막 절에 있는 예언입니다. 이 말씀을 들었을 때 떠오르는 성경구절이 있습니까?

오직 성령이 너희에게 임하시면 너희가 권능을 받고 예루살렘과 온 유
대와 사마리아와 땅 끝까지 이르러 내 증인이 되리라 하시니라. ^{행 1:8}

이것이 바로 온누리교회입니다. 이것이 우리의 비전과 꿈입니다.
그러면 누가 가겠습니까? 누구를 보내야 하겠습니까? 사람들은
누구나 좋은 직장과 집, 안정된 삶을 살길 원합니다. 그런데 누가 하
나님의 뜻을 위해 가족, 직장, 젊음도 버린 채 가려고 하겠습니까?

나 여호와가 말하노라 이스라엘 자손이 예물을 깨끗한 그릇에 담아
여호와의 집에 드림 같이 그들이 너희 모든 형제를 뭇 나라에서 나
의 성산 예루살렘으로 말과 수레와 교자와 노새와 낙타에 태워다가
여호와께 예물로 드릴 것이요. ^{사 66:20}

성경은 그들을 하나님의 영광으로 데려온다고 말씀합니다. 시온
의 영광스러운 산으로 데려와서 하나님께 영광을 올리도록 한다는
것입니다.

얼마 전 대만에 다녀왔는데 굉장히 놀랐습니다. 우리와 정치적
상황이 굉장히 비슷했기 때문입니다. 대만은 지난 10년간 나라가 극
도로 혼란스럽고 황폐해졌습니다. 우리처럼 그들의 희망은 예수 그
리스도였습니다. 대만 그리스도인이 우리를 초청했는데 얼마나 열
정적이고 간절하게 마음의 문을 열고 하나님을 기대하고 있는지 모
릅니다.

이 모습을 보고 모두들 깜짝 놀랐습니다. 일본은 두드리고 두드려도 문이 열리지 않는데 대만은 두드리기도 전에 문이 열렸습니다. 남미도 마찬가지입니다. 남미도 문을 활짝 열고 우리가 오기를 기다리고 있습니다. 10만 명 집회도 하겠다고 합니다. 모두들 얼마나 열심이고 영적으로 갈급한 상태인지 이루 말할 수 없을 정도입니다.

하나님은 살아 계시고 지금 여기 계십니다. 우리와 함께 계십니다. 또한 우리를 전 세계로 내보내 하나님의 이름을 부르지 못한 사람들, 하나님의 명성을 알아듣지 못하는 사람들에게 그분의 영광을 알게 하십니다.

나는 그 가운데에서 택하여 제사장과 레위인을 삼으리라 여호와의 말이니라. 사 66:21

이방인을 불러 복음을 전하게 하고 그들 중에서 제사장과 레위인을 삼겠다는 말씀입니다. 이게 무슨 말입니까? 어떻게 이방인이 레위인이 되겠습니까? 그런데 그렇게 하시겠다고 말씀합니다.

내가 지을 새 하늘과 새 땅이 내 앞에 항상 있는 것 같이 너희 자손과 너희 이름이 항상 있으리라 여호와의 말이니라 여호와가 말하노라 매월 초하루와 매 안식일에 모든 혈육이 내 앞에 나아와 예배하리라. 사 66:22-23

이것이 요한계시록의 결론이요, 이사야서의 결론입니다.

우리가 궁극적으로 보는 것은 심판이 아니라 새 하늘과 새 땅입니다. 이 땅이 아니라 저 땅입니다. 우리는 이 세상에 살지만, 이 세상에서 밥을 먹고 잠을 자고 일하지만 우리의 나라는 새 하늘과 새 땅입니다.

예수님의 6가지
선교 전략

예수님의
6가지 선교 전략

그리스도인의 삶은 영원한 천국을 바라보는 동시에 이 세상의 심판을 바라보는 삶이어야 합니다. 세상의 돈과 힘에 의지하지 말고 성령님의 능력에 의지한 채 주님을 증거하면서 사는 사람이 바로 그리스도인입니다. 우리는 주님이 곧 오시리라는 것을 기억하면서 복음을 전하는 아름다운 삶을 살아야 합니다.

예수님은 제자들을 세상에 내보내실 때 특별한 지침을 주셨습니다. 선교는 예수님이 가르쳐 주신 선교 전략에 따라야 합니다. 성경을 보면 예수님의 선교 전략이 나옵니다.

가면서 전파하여 말하되 천국이 가까이 왔다 하고 병든 자를 고치며 죽은 자를 살리며 나병환자를 깨끗하게 하며 귀신을 쫓아내되 너희가 거저 받았으니 거저 주라. 마 10:7-8

1. 예수 복음을 전하라

첫 번째 지침은 선교란 천국이 가까이 왔다는 것을 선포하는 것입니다. 교회에 데려왔다고 해서 전도가 아닙니다. 교회에 와서도 예수님을 믿지 않는 형식적인 교인이 될 수 있기 때문입니다. 천국이 가까이 왔다는 것을 가르쳐 주는 것이 선교입니다. 천국이 가까이 왔다는 것은 예수님이 지금 여기 오셨고, 우리 가까이 계신다는 뜻입니다. 그러므로 이 사실을 깨닫고 예수 그리스도를 믿고 영접해야 합니다.

우리 인생의 궁극적 문제는 순간이 아니라 영원에 대한 것입니다. 지상의 문제가 아니라 천국의 문제입니다. 이 세상은 잠깐입니다. 수없이 많은 어려움이 닥쳐도 10년, 20년 지나고 나면 다 역사에 묻힐 것입니다. 지금 우리의 심각한 문제도 10년이 지나고 나면 아무것도 아닌 것이 됩니다. 그리고 80년 살면 땅에 묻히고 맙니다. 이것이 우리 인생입니다. 그러므로 썩어 없어질 것을 위해 살아서는 안 됩니다. 영원한 것, 천국을 생각해야 합니다.

예수님은 "천국이 지금 여기 네 마음속에 임해야 한다"라는 사실을 가르쳐 주는 것이 선교라고 말씀합니다. 영원에 이르는 진리와 구원을 선포하는 것이 선교입니다. 그런데 예수님은 천국이 가까이 왔다고 하시면서 그분이 병든 자를 고치고 죽은 자를 살리며 문둥병자를 깨끗하게 하고 귀신을 쫓아내신다는 사실을 전파하라고 하셨습니다. 이 말씀은 "천국의 주인공이신 예수 그리스도께서 지금 여기 오셨는데, 네가 이 예수님을 믿고 회개하고 영접하면 하나님의 자녀가 되고 천국의 자녀가 된다. 그런데 이 예수님은 단순한 한 인간이 아니라 하나님이시다"라는 뜻입니다.

예수님은 우리를 구원하고도 남는 능력을 가진 분입니다. 예수님은 우리 가까이에 계십니다. 다른 말로 하면 천국이 가까이 와 있다는 뜻입니다. 예수님은 우리의 모든 질병, 죽음, 죄 그리고 사탄의 모든 세력을 정복하신 분입니다. 성경이 이 사실을 말해 줍니다. 이것을 선포하는 것이 바로 선교입니다.

2. 무한대의 가치를 거저 주라

두 번째 지침은 8절에 나오는 "너희가 거저 받았으니 거저 주라"는 말씀입니다. 이 말씀의 뜻은 네 가지로 생각해 볼 수 있습니다. 첫째, 복음은 그 가치가 너무 커서 값으로 계산할 수 없다는 것입니다. 둘째, 복음은 우리의 노력이나 공로로 얻어지는 게 아니라는 것입니다. 셋째, 복음은 우리가 똑똑하고 잘났기 때문에 주어지는 게 아니라는 것입니다. 그리고 마지막으로 복음은 돈이나 대가를 주고받는 게 아니라는 뜻입니다.

요즘 예수님을 믿는 사람들 가운데 큰 착각에 빠진 이들이 있습니다. 복음을 주고받는 것(Give and Take)으로 생각하는 사람들입니다. 헌금을 많이 하면 하나님이 축복을 주신다, 봉사를 많이 하면 하나님이 더 큰 은혜를 주신다고 생각합니다. 이런 생각은 모두 주고받는 개념입니다. 왜 헌금을 합니까? 부조금이나 복채 내는 식으로 헌금하는 사람도 있고, 헌금 안 하면 뭔가를 도둑질한 것 같다는 생각이 들어 하는 사람도 있습니다.

그러나 교회는 그런 곳이 아닙니다. 헌금은 은혜에 대한 보답이지 의무가 아닙니다. 좋아서 하는 것이고, 감사해서 하는 것입니다. 거저 받았으니 거저 주는 것입니다. '하나님께 이만큼 했으니 하나님도 나에게 이만큼 해 주실 거야'라는 생각은 잘못입니다. 일을 하다가 크게 실수해서 매를 맞으면 사람들은 '하나님께 무엇을 덜 드려서 그런가 보다'라고 생각합니다. 이것은 어린아이 같은 생각입니다. 복음에 깊이 들어가면 그것이 잘못된 생각임을 알 수 있습니다.

현대는 모든 것에 대가를 치르는 시대입니다. 모든 것이 돈으로 계산되고 결정됩니다. 그러나 신앙의 가치는 돈의 가치를 뛰어넘습니다. 신앙의 본질은 거저 받았으니 거저 주는 것입니다. 교회 안에서 이루어지는 봉사는 돈을 받고 해서는 안 됩니다. 그것은 하나님의 가치를 땅에 떨어뜨리는 일입니다. 구제도 가르치는 것도 무보수여야 합니다. 이것이 성경의 원리입니다.

3. 선교는 돈으로 하는 것이 아니다

예수님이 가르쳐 주신 선교의 세 번째 지침은 다음과 같습니다.

> 너희 전대에 금이나 은이나 동을 가지지 말고 여행을 위하여 배낭이나 두 벌 옷이나 신이나 지팡이를 가지지 말라 이는 일꾼이 자기의 먹을 것 받는 것이 마땅함이라. 마 10:9-10

이 말씀은 선교할 때 돈주머니를 가지고 가지 말라는 것입니다. 즉 선교는 돈으로 하는 것이 아니라는 뜻입니다. 돈이 필요하긴 하지만 돈이 우상이 되어서는 안 된다는 것입니다. 성경에 보면 베드로가 나면서부터 걷지 못하는 사람에게 "은과 금은 내게 없거니와 내게 있는 이것을 네게 주노니 나사렛 예수 그리스도의 이름으로 일어나 걸으라"(행 3:6)고 했습니다. 이것이 바로 선교입니다.

또한 10절 말씀은 "선교할 때 자기의 생활을 염려해서는 안 된다"라는 뜻입니다. "옷, 신발, 지팡이 문제는 하나님께 맡기라. 그리하면 하나님이 이 모든 것을 다 책임져 주신다"라는 사실을 예수님이 말씀하고 있습니다. 거저 받았으니 거저 주고, 대가를 받지 말고 무보수로 모든 일을 하라는 것입니다. 선교사들의 경우 일할 때는 월급을 주고 일하지 않을 때는 안 준다는 것은 세상적인 개념입니다. 우리는 그렇게 생각해선 안 됩니다. 은퇴 후에도 교회가 끝까지 그들의 생활을 보장해 주는 것이 성경적인 태도입니다.

4. 예비하신 영적 동역자를 만나라

예수님은 다음 구절을 통해 선교의 네 번째 지침을 말씀하십니다.

어떤 성이나 마을에 들어가든지 그 중에 합당한 자를 찾아내어 너희가 떠나기까지 거기서 머물라. 마 10:11

이 말씀은 아무 집에나 들어가서 예수님의 이름으로 신세를 지라는 뜻이 아닙니다. 성경을 오해하는 사람들은 예수님의 이름을 내걸고 상대방에게 피해를 줍니다. 그러나 이 말씀은 아무 집이나 좋아보이는 곳에 들어가서 "내가 복음을 전하러 왔으니 나를 믿으시오. 잠도 재워 주고 돈도 주시오"라고 말하라는 뜻이 아니라, 어떤 성이나 촌에 들어갔을 때 하나님이 예비하신 사람을 만나라는 뜻입니다. "그 중에 합당한 자를 찾아내어"라는 말은 "하나님께서 예비하신 사람이 반드시 있다. 준비시켜 놓은 사람이 있다. 그 사람을 먼저 만나는 것이 중요하다"라는 뜻입니다. '합당한 사람'은 무슨 뜻입니까? 원어의 뜻으로는 '헌신된 사람'입니다. 헌신된 사람은 영적으로, 도덕적으로 성숙한 사람을 의미합니다. 전도는 도덕 강연이 아니라 영적인 전쟁입니다. 마귀와의 싸움이므로 혼자서 전도하는 것은 위험합니다. 반드시 영적인 동역자가 필요합니다.

그래서 예수님은 제자들을 보내실 때 개인 전도를 시키지 않고 둘씩 짝을 지어 보내셨고, 언제나 필요한 동역자와 같이 전도하게 하셨습니다. 사람은 영적인 문제뿐 아니라 육체를 가진 존재이기 때문에 육체적으로도 공급을 받아야 합니다. 잘 먹어야 하고, 잘 쉬어야 합니다. 육체적으로 위로를 받고, 영적으로도 위로를 받아야만 인간은 온전해질 수 있습니다. 복음을 전하겠다는 마음을 먹으면 하나님의 사람이 눈에 들어옵니다. 그러나 세상일에 관심을 가지면 하나님의 사람은 보이지 않고 세상 사람이 눈에 띄기 시작합니다. 우리가 어디에 관심을 갖느냐에 따라 보는 대상이 달라지는 것입니다.

예수님이 말씀하시는 '그 집'이 가난하고 보잘것없을 수도 있습니다. 집 주인이 유명하거나 위대한 사람이 아닐 수도 있습니다. 그러나 그 사람이 합당한 사람이라면 그 집에 머물라고 하십니다. 그것도 떠날 때까지 머물라고 하십니다. 혹시 그 집이 자기가 생각했던 것보다 편하지 않더라도 가능하면 이집 저집 옮겨 다니지 말라는 뜻입니다. 어떤 사람은 필요와 이해에 따라 거처와 일터를 쉽게 옮겨 다닙니다. 이런 사람은 주위 사람들에게 신뢰와 존경을 받지 못합니다. 너무 이기적이고, 자기의 편의만 추구하는 성향이 있기 때문입니다.

사도행전 16장에 나오는 루디아의 집이 바로 이런 집이었습니다. 루디아는 자기 집에 바울을 초대해 말씀을 듣고 온 가정이 세례를 받았습니다. 이것이 빌립보 교회가 시작된 동기가 되었습니다. 데살로니가 야손의 집, 고린도 가이오의 집 등이 '합당한 자의 집'입니다. 우리는 항상 이런 집이 되기를 기도해야 합니다.

5. 먼저 하나님과 좋은 관계를 갖고, 사람들의 평안을 빌라

예수님의 다섯 번째 선교 지침은 평안을 빌라는 것입니다.

또 그 집에 들어가면서 평안하기를 빌라. 마 10:12

복음에 헌신한 사람에게 보답할 것은 물질이 아니라 평안입니다. 평안을 빌어 주어야 합니다. '샬롬'은 평안이라는 뜻인데, 이는 세상에서 말하는 평화가 아니라 하나님이 주시는 하늘의 평화입니다. 세상 사람들이 추구하는 행복의 조건은 사실 우리를 불행하게 만드는 것입니다. 돈을 많이 가지면 마음에 평안이 없습니다. 물질을 많이 소유하면 마음에 평안이 없습니다. 돈이나 물질이 주는 것은 세상의 평안이기 때문입니다. 진정한 평안은 하나님이 주십니다.

평안을 너희에게 끼치노니 곧 나의 평안을 너희에게 주노라 내가 너희에게 주는 것은 세상이 주는 것과 같지 아니하니라 너희는 마음에 근심하지도 말고 두려워하지도 말라. 요 14:27

그리스도인의 가장 큰 축복은 마음의 평안입니다. 평안은 가난해도 얻을 수 있습니다. 뺨을 맞고 코피를 흘리면서도 가질 수 있습니다. 이 평안은 억울하게 누명을 쓰고 감옥에 들어간다 할지라도 흔들리지 않습니다. 이런 평안이 우리에게 있어야 합니다.

진정한 평안은 하나님과의 평안입니다. 맨 먼저 우리는 하나님과 좋은 관계를 가져야 합니다. 그러고 나서 사람 사이에 평안한 관계를 유지해야 합니다. 미운 사람이 있으면 평안이 이뤄지지 않으므로 용서해야 합니다. 이것이 평안의 조건입니다. 회개해야 합니다. 이것이 평안의 조건입니다. 자존심을 버려야 합니다. 그러면 평안이 임하게 될 것입니다.

6. 마지막 심판의 날을 기억하라

다음은 예수님의 여섯 번째 선교 지침입니다. 그것은 복음을 거절하는 사람에게는 발의 먼지를 떨어 버리라는 고통스러운 말씀입니다.

> 누구든지 너희를 영접하지도 아니하고 너희 말을 듣지도 아니하거든 그 집이나 성에서 나가 너희 발의 먼지를 떨어 버리라. 마 10:14

원래 "발의 먼지를 떨어 버리라"는 이스라엘에서 관습적으로 이방인을 무시하는 말이었습니다. 이방인들의 발에 묻어 있는 먼지까지 부정하다고 생각한 것입니다. 이 말을 통해 우리는 유대인의 선민의식을 느낄 수 있습니다. 그런데 앞서 예수님이 "이방인의 길로도 가지 말고 사마리아인의 고을에도 들어가지 말고 오히려 이스라엘 집의 잃어버린 양에게로 가라"(마 10:5-6)고 하신 것을 보면 이 말씀의 대상은 유대인인 것을 알 수 있습니다. 다시 말해 이 말씀은 "당신이 비록 유대인이라도 복음을 거절하면, 이방인에게 하는 것 같은 무시와 저주를 받게 된다"라는 뜻입니다.

실제로 사도 바울이 이렇게 한 예가 있습니다. 성경을 보면 바울과 바나바가 전도여행 중 핍박을 받고 쫓겨나면서 유대인을 향해 발의 티끌을 떨어 버리고 이고니온으로 갑니다(행 13:51).

> 바울과 바나바가 담대히 말하여 이르되 하나님의 말씀을 마땅히 먼저 너희에게 전할 것이로되 너희가 그것을 버리고 영생을 얻기에 합당하지 않은 자로 자처하기로 우리가 이방인에게로 향하노라. 행 13:46

이 말씀은 예수님이 유대인들에게 전도하기를 간절히 원하셨지만, 선택된 백성이라 할지라도 복음을 받지 않는 경우에는 어쩔 수 없다는 뜻입니다. 복음의 축복에서 벗어나게 된다는 뜻입니다.

예수님은 이런 사람에게 다음과 같이 말씀합니다.

> 내가 진실로 너희에게 이르노니 심판 날에 소돔과 고모라 땅이 그 성보다 견디기 쉬우리라. 마 10:15

소돔과 고모라는 죄악의 도시, 저주와 심판의 도시로 유명합니다. 그런데 복음을 거부하는 유대인들에 대한 심판은 소돔과 고모라가 받은 것보다 훨씬 크다고 하십니다. 도덕적 타락보다 더 무서운 것은 영적 타락입니다. 도덕적으로 타락할 수는 있지만 하나님으로 부터 저주받는 사람이 되어서는 안 됩니다. 어쩌면 우리가 보기에 도덕적으로나 윤리적으로나 완전한 사람일지라도 하나님이 보시기에는 저주받은 사람일 수 있습니다.

현대인은 심판을 외면합니다. 심판을 받고 싶어 하지 않습니다. 많은 사람이 지옥이 있다는 사실을 의심하며 믿으려고 하지 않습니다. 왜냐하면 자신도 지옥에 가야 하기 때문입니다. 사람들이 왜 죄를 짓습니까? 심판이 얼마나 무서운지 모르기 때문입니다.

지금 우리는 영적인 전쟁 속에 살고 있음을 기억해야 합니다. 그리스도인의 삶은 나약한 감상주의나 영웅적인 인간애의 삶이 아닙니다. 영원한 천국을 바라보는 동시에 이 세상의 심판을 바라보는 삶이어야 합니다. 세상의 돈과 힘에 의지하지 말고 성령님의 능력에 의지한 채 주님을 증거하면서 사는 사람이 바로 그리스도인입니다.

우리는 주님이 곧 오시리라는 것을 기억하면서 복음을 전하는 아름다운 삶을 살아야 합니다.